www.ingramcontent.com/pod-product-compliance
Lightning Source LLC
Chambersburg PA
CBHW011600190726
48287CB00010B/2984

سه قطره خون

صادق هدایت

سریال کتاب: P۲۵۴۵۲۴۰۲۸۷
عنوان: سه قطره خون
زیرنویس عنوان: مجموعه داستان‌های کوتاه
نویسنده: صادق هدایت
صفحه‌آرایی: نرگس تاج‌الدینی
طراح جلد: سیدعلی هاشمی
شابک: ISBN: ۷-۳۲۲-۷۷۸۹۲-۱-۹۷۸
موضوع: ادبیات مدرن، داستان‌های کوتاه
مشخصات کتاب: قطع رقعی، جلد مقوایی
تعداد صفحات: ۱۷۰
تاریخ نشر ادیشن فارسی: دسامبر ۲۰۲۵
انتشارات در کانادا: انتشارات بین‌المللی کیدزوکادو
انتشارات در ایران: انتشارات البرز پارسیان

KIDSOCADO PUBLISHING HOUSE
VANCOUVER, CANADA

تلفن: ۷۲٤۸ ۳۳۳ (۸۲۳) ۱+
واتس آپ: ۷۲٤۸ ۳۳۳ (۲۳٦) ۱+
ایمیل: info@kidsocado.com
وب‌سایت: https://www.kidsocado.com

داش‌آکل از حال رفت و یک ساعت بعد مُرد. همهٔ اهل شیراز برایش گریه کردند. ولی‌خان قفس طوطی را برداشت و به خانه برد. عصر همان روز بود؛ مرجان قفس طوطی را جلوش گذاشته بود و به رنگ‌آمیزی پر و بال، نوک برگشته و چشم‌های گرد بی‌حالت طوطی خیره شده بود. ناگاه طوطی با لحن داشی - با لحن خراشیده‌ای گفت: «مرجان... مرجان... تو مرا کشتی... به که بگویم.... مرجان... عشق تو... مرا کشت.» اشک از چشم‌های مرجان سرازیر شد.

آغاز سخن

صادق هدایت، نویسنده، مترجم و روشنفکر مطرح ایرانی در سال ۱۲۸۱ خورشیدی در شهر تهران به دنیا آمد. او از خانواده‌ای سرشناس و اهل فرهنگ و ادب بود و همین موضوع باعث شد که تحصیلات خود را در مدارس «دارالفنون» و «سن لویی» پیگیری کند. تحصیل در چنین مدارسی و سپس، همنشینی با بزرگ‌ترین نویسندگان و ادیبان ایرانی باعث شد که صادق هدایت، کم‌کم به جرگهٔ نویسندگان درآید و در ایّام اقامت در ایران، هندوستان و فرانسه، بی‌وقفه به فکر نوشتن و ترجمهٔ آثار ادبی باشد. این‌چنین، آثار ادبی گوناگونی توسط او به رشتهٔ تحریر درآمد و به گنجینهٔ زبان و ادبیات فارسی اضافه شد.

کتاب «سه قطره خون» مجموعه‌ای از داستان‌های کوتاه فارسی اثر صادق هدایت است. این مجموعه داستان کوتاه، نخستین بار در سال ۱۳۱۱ خورشیدی منتشر شد. این کتاب شامل ۱۱ داستان کوتاه است و به‌خاطر شکستن خط زمانی و آمیختن گذشته و حال و آینده با یکدیگر، اغلب به‌عنوان آغازی برای نگارش کتاب بوف کور در نظر گرفته می‌شود.

اثر حاضر، با هدف گسترش ارتباط ایرانیان و فارسی‌زبانان سراسر دنیا با آثار صادق هدایت آماده شده است. در این اثر، مجموعه داستان کوتاه سه قطره خون، به شکلی ویراسته و درست فراهم شده و به حضور شما خواننده گرامی تقدیم می‌شود. چاپ‌های متعدّدی از کتاب سه قطره خون توسط علاقه‌مندان زبان و ادبیات فارسی منتشر و روانه بازار شده است که هر یک در جایگاه خود، حائز اهمیت و قدر و ارزش هستند؛ اما از آنجا که بنای ما در این کتاب بر ارائهٔ یک اثر کم‌غلط و خواندنی برای عموم مردم بوده است؛ دست از نکته‌سنجی‌های موشکافانه کشیدیم و آن را به فرصتی دیگر وانهادیم؛ ازاین‌رو کتاب حاضر را با ویرایش مناسب فراهم کردیم. امیدواریم که این تلاش، بتواند جلوه‌گر فرهنگ عظیم ایران باشد.

شاد و سرخوش و خوش‌دل باشید

فهرست

سه قطره خون

«دیروز بود که اطاقم را جدا کردند. آیا همان‌طوری که ناظم وعده داد؛ من حالا به کلّی معالجه شده‌ام و هفتهٔ دیگر آزاد خواهم شد؟ آیا ناخوش بوده‌ام؟ یک سال است؛ در تمام این مدت هرچه التماس می‌کردم کاغذ و قلم می‌خواستم؛ به من نمی‌دادند. همیشه پیش خودم گمان می‌کردم؛ هر ساعتی که قلم و کاغذ به دستم بیفتد؛ چقدر چیزها که خواهم نوشت... ولی دیروز بدون اینکه خواسته باشم؛ کاغذ و قلم را برایم آوردند. چیزی که آن‌قدر آرزو می‌کردم؛ چیزی که آن‌قدر انتظارش را داشتم...! اما چه فایده – از دیروز تا حالا هرچه فکر می‌کنم؛ چیزی ندارم که بنویسم. مثل این است که کسی دست مرا می‌گیرد یا بازویم بی‌حس می‌شود. حالا که دقت می‌کنم؛ مابین خط‌های درهم و برهمی که روی کاغذ کشیده‌ام؛ تنها چیزی که خوانده می‌شود این است: «سه قطره خون».

* * *

«آسمان لاجوردی، باغچه سبز و گل‌های روی تپه باز شده. نسیم آرامی بوی گل‌ها را تا اینجا می‌آورد. ولی چه فایده؟ من دیگر از چیزی نمی‌توانم کیف بکنم؛ همه این‌ها برای شاعرها و بچه‌ها و کسانی‌که تا آخر عمرشان بچّه می‌مانند؛ خوب است. یک سال است که اینجا هستم؛ شب‌ها تا صبح از صدای گربه بیدارم؛ این ناله‌های ترسناک، این حنجرهٔ خراشیده که جانم را به لب رسانیده. صبح هم هنوز چشممان باز نشده که انژکسیون بی‌کردار...! چه روزهای دراز و ساعت‌های ترسناکی که اینجا گذرانیده‌ام؛ با پیراهن و شلوار زرد، روزهای تابستان در زیر زمین دور هم جمع می‌شویم و در زمستان کنار باغچه جلو آفتاب می‌نشینیم. یک سال است که میان این مردمان عجیب‌وغریب زندگی می‌کنم. هیچ وجه اشتراکی بین ما نیست؛ من از زمین تا آسمان با آن‌ها فرق دارم؛ ولی ناله‌ها، سکوت‌ها، فحش‌ها، گریه‌ها و خنده‌های این آدم‌ها همیشه خواب مرا پر از کابوس خواهد کرد.

* * *

«هنوز یک‌ساعت دیگر مانده تا شاممان را بخوریم؛ از همان خوراک‌های چاپی: آش ماست، شیربرنج، چلو، نان و پنیر، آن‌هم به‌قدر بخور و نمیر. حسن همهٔ آرزویش این است؛ یک دیگ اشکنه را با چهار تا نان سنگک بخورد. وقت مرخصّی او که برسد؛ عوض کاغذ و قلم، باید برایش دیگ اشکنه بیاورند. او هم یکی از آدم‌های خوشبخت اینجاست؛ با آن قد کوتاه، خندهٔ احمقانه، گردن کلفت، سر طاس و دست‌های کُمُخته بسته برای ناوه‌کشی آفریده شده؛ همهٔ ذرّات تنش گواهی می‌دهند و آن نگاه احمقانهٔ

او هم جار می‌زند که برای ناوه‌کشی آفریده شده. اگر محمّدعلی آنجا سر ناهار و شام نمی‌ایستاد؛ حسن همهٔ ماها را به خدا رسانیده بود؛ ولی خود محمّدعلی هم مثل مردمان این دنیاست؛ چون اینجا را هرچه می‌خواهند بگویند؛ ولی یک دنیای دیگرست ورای دنیای مردمان معمولی.

یک دکتر داریم که قدرتی خدا، چیزی سرش نمی‌شود. من اگر به‌جای او بودم؛ یک شب توی شام همه زهر می‌ریختم؛ می‌دادم بخورند؛ آن‌وقت صبح توی باغ می‌ایستادم؛ دستم را به کمرم می‌زدم؛ مرده‌ها را که می‌بردند؛ تماشا می‌کردم. اوّل که مرا اینجا آوردند؛ همین وسواس را داشتم که مبادا به من زهر بخورانند؛ دست به شام و ناهار نمی‌زدم؛ تا اینکه محمّدعلی از آن می‌چشید. آن‌وقت می‌خوردم. شب‌ها هراسان از خواب می‌پریدم. به‌خیالم که آمده‌اند؛ مرا بکشند. همهٔ این‌ها چقدر دور و محو شده...! همیشه همان آدم‌ها، همان خوراک‌ها، همان اطاق آبی که تا کمرکش آن کبود است.

دو ماه پیش بود؛ یک دیوانه را در آن زندان پایین حیاط انداخته بودند. با تیلهٔ شکسته شکم خودش را پاره کرد. روده‌هایش را بیرون کشیده بود؛ با آن‌ها بازی می‌کرد. می‌گفتند او قصاب بوده؛ به شکم پاره کردن عادت داشته. اما آن یکی دیگر که با ناخن چشم خودش را ترکانیده بود؛ دست‌هایش را از پشت بسته بودند. فریاد می‌کشید و خون به چشمش خشک شده بود. من می‌دانم همه این‌ها زیر سر ناظم است.

مردمان اینجا همه هم این‌طور نیستند. خیلی از آن‌ها اگر معالجه بشوند و مرخص بشوند؛ بدبخت خواهند شد؛ مثلا این صغرا سلطان که در زنانه

است؛ دو سه بار می‌خواست بگریزد؛ او را گرفتند. پیرزن است؛ اما صورتش را گچ دیوار می‌مالد و گل شمعدانی هم سُرخابش است. خودش را دختر چهارده‌ساله می‌داند؛ اگر معالجه بشود و در آینه نگاه بکند؛ سکته خواهد کرد. بدتر از همه تقی خودمان است که می‌خواست دنیا را زیرورو بکند و با آنکه عقیده‌اش این است که زن باعث بدبختی مردم شده و برای اصلاح دنیا هرچه زن است باید کشت؛ عاشق همین صغرا سلطان شده بود.

همهٔ این‌ها زیر سر ناظم خودمان است. او دست تمام دیوانه‌ها را از پشت بسته. همیشه با آن دماغ بزرگ و چشم‌های کوچك به شکل وافوری‌ها ته باغ زیر درخت کاج قدم می‌زند. گاهی خم می‌شود پایین درخت را نگاه می‌کند. هرکه او را ببیند؛ می‌گوید: «چه آدم بی‌آزار بیچاره‌ای که گیر یک دسته دیوانه افتاده». اما من او را می‌شناسم. من می‌دانم آنجا زیر درخت، سه قطره خون روی زمین چکیده. یك قفس جلو پنجره‌اش آویزان است. قفس خالی است؛ چون گربه قناری‌ش را گرفت. ولی او قفس را گذاشته تا گربه‌ها به هوای قفس بیایند و آن‌ها را بکشد.

دیروز بود دنبال یك گربهٔ گل‌باقالی کرد. همین که حیوان از درخت کاج جلو پنجره‌اش بالا رفت؛ به قراول دم در گفت حیوان را با تیر بزنند. این سه قطره خون مال گربه است؛ ولی از خودش که بپرسند؛ می‌گوید: «مال مرغ حق است».

از همهٔ این‌ها غریب‌تر رفیق و همسایه‌ام عباس است. دو هفته نیست که او را آورده‌اند. با من خیلی گرم گرفته. خودش را پیغمبر و شاعر می‌داند.

می‌گوید که هر کاری، به‌خصوص پیغمبری، بسته به بخت و طالع است. هرکسی پیشانیش بلند باشد؛ اگر چیزی هم بارش نباشد؛ کارش می‌گیرد و اگر علامهٔ دهر باشد و پیشانی نداشته باشد؛ به‌روز او می‌افتد. عباس خودش را تارزن ماهر هم می‌داند. روی یک تخته سیم کشیده، به‌خیال خودش تار درست کرده و یک شعر هم گفته که روزی هشت بار برایم می‌خواند. گویا برای همین شعر او را به اینجا آورده‌اند؛ شعر یا تصنیف غریبی گفته:

«دریغا که بار دگر شام شد
سراپای گیتی سیه‌فام شد
همه خلق را گاه آرام شد
مگر من که رنج و غمم شد فزون
جهان را نباشد خوشی در مزاج
به‌جز مرگ نبوَد غمم را علاج
ولیکن در آن گوشه، در پای کاج
چکیده‌ست بر خاک سه قطره خون»

دیروز بود؛ در باغ قدم می‌زدیم. عباس همین شعر را می‌خواند. یک زن و یک مرد و یک دختر جوان به دیدن او آمدند. تا حالا پنج مرتبه است که می‌آیند. من آن‌ها را دیده بودم و می‌شناختم. دختر جوان یک دسته گل آورده بود. آن دختر به من می‌خندید. پیدا بود که مرا دوست دارد. اصلا به

هوای من آمده بود. صورت آبله‌روی عباس که قشنگ نیست. اما آن زن که با دکتر حرف می‌زد؛ من دیدم عباس، دختر جوان را کنار کشید و ماچ کرد.

* * *

تاکنون نه کسی به دیدن من آمده و نه برایم گل آورده‌اند؛ یک سال است. آخرین بار سیاوش بود که به دیدنم آمد؛ سیاوش بهترین رفیق من بود. ما با هم همسایه بودیم. هر روز با هم به دارالفنون می‌رفتیم و با هم برمی‌گشتیم و درس‌هایمان را با هم مذاکره می‌کردیم و در موقع تفریح، من به سیاوش تار مشق می‌دادم. رخساره دخترعموی سیاوش هم که نامزد من بود؛ اغلب در مجلس ما می‌آمد. سیاوش خیال داشت؛ خواهر رخساره را بگیرد. اتفاقاً یک ماه پیش از عقدکنانش زد و سیاوش ناخوش شد. من دو سه بار به احوالپرسی‌اش رفتم؛ ولی گفتند که حکیم قدغن کرده که با او حرف بزنند. هرچه اصرار کردم؛ همین جواب را دادند. من هم پاپِی نشدم.

خوب یادم است؛ نزدیک امتحان بود. یک روز غروب که به خانه برگشتم؛ کتاب‌هایم را با چند تا جزوهٔ مدرسه روی میز ریختم. همین‌که آمدم لباسم را عوض بکنم؛ صدای خالی شدن تیر آمد. صدای آن به‌قدری نزدیک بود که مرا متوحّش کرد؛ چون خانهٔ ما پشت خندق بود و شنیده بودم که در نزدیکی ما دزد زده است. ششلول را از توی کشوی میز برداشتم و آمدم؛ در حیاط، گوش به زنگ ایستادم. بعد از پلکان روی بام رفتم؛ ولی چیزی به‌نظرم نرسید. وقتی‌که برمی‌گشتم؛ از آن بالا در خانهٔ سیاوش نگاه کردم.

دیدم سیاوش با پیراهن و زیرشلواری میان حیاط ایستاده. من با تعجب گفتم:

«سیاوش تو هستی؟»

او مرا شناخت و گفت:

«بیا تو، کسی خانه‌مان نیست.»

«صدای تیر را شنیدی؟»

انگشت به لبش گذاشت و با سرش اشاره کرد که بیا و من هم با شتاب پایین رفتم و درِ خانه‌شان را زدم. خودش آمد در را روی من باز کرد. همین‌طور که سرش پایین بود و به زمین خیره نگاه می‌کرد؛ پرسید:

«تو چرا به دیدن من نیامدی؟»

«من دو سه بار به احوال‌پرسی‌ات آمدم؛ ولی گفتند که دکتر اجازه نمی‌دهد.»

«گمان می‌کنند که من ناخوشم؛ ولی اشتباه می‌کنند.»

دوباره پرسیدم:

«این صدای تیر را شنیدی؟»

بدون اینکه جواب بدهد؛ دست مرا گرفت و برد پای درخت کاج و چیزی را نشان داد. من از نزدیک نگاه کردم؛ سه چکه خون تازه روی زمین چکیده بود.

بعد مرا برد در اطاق خودش، همهٔ درها را بست. روی صندلی نشستم. چراغ را روشن کرد و آمد روی صندلی مقابل من، کنار میز نشست. اطاق او ساده، آبی‌رنگ و تا کمرکش دیوار کبود بود. کنار اطاق یک تار گذاشته بود. چند جلد کتاب و جزوهٔ مدرسه هم روی میز ریخته بود. بعد سیاوش دست کرد؛ از کشو میز یک ششلول درآورد. به من نشان داد. از آن ششلول‌های قدیمی دسته‌صدفی بود. آن را در جیب شلوارش گذاشت و گفت:

«من یک گربهٔ ماده داشتم؛ اسمش نازی بود. شاید آن را دیده بودی؛ از این گربه‌های معمولی گل‌باقالی بود؛ با دو تا چشم درشت مثل چشم‌های سرمه‌کشیده. روی پشتش نقش‌ونگارهای مرتب بود؛ مثل اینکه روی کاغذ آب‌خشک‌کن فولادی جوهر ریخته باشند و بعد آن را از میان تا کرده باشند. روزها که از مدرسه برمی‌گشتم؛ نازی جلوم می‌دوید؛ میومیو می‌کرد؛ خودش را به من می‌مالید. وقتی‌که می‌نشستم از سر و کولم بالا می‌رفت؛ پوزه‌اش را به صورتم می‌زد؛ با زبان زبرش پیشانی‌ام را می‌لیسید و اصرار داشت که او را ببوسم. گویا گربهٔ ماده مکّارتر و مهربان‌تر و حسّاس‌تر از گربهٔ نر است. نازی از من گذشته، با آشپز میانه‌اش از همه بهتر بود؛ چون خوراک‌ها از پیش او درمی‌آمد؛ ولی از گیس‌سفید خانه که کیابیا بود و نماز می‌خواند و از موی گربه پرهیز می‌کرد؛ دوری می‌جُست. لابد نازی پیش خودش خیال می‌کرد که آدم‌ها زرنگ‌تر از گربه‌ها هستند و همه خوراکی‌های خوشمزه و جاهای گرم و نرم را برای خودشان احتکار کرده‌اند و گربه‌ها باید آن‌قدر چاپلوسی بکنند و تملّق بگویند تا بتوانند با آن‌ها شرکت بکنند.

«تنها وقتی احساسات طبیعی نازی بیدار می‌شد و به جوش می‌آمد که سر خروس خون‌آلودی به چنگش می‌افتاد و او را به یک جانور درنده تبدیل می‌کرد. چشم‌های او درشت‌تر می‌شد و برق می‌زد؛ چنگال‌هایش از توی غلاف درمی‌آمد و هرکس را که به او نزدیک می‌شد؛ با خرخرهای طولانی تهدید می‌کرد. بعد، مثل چیزی که خودش را فریب بدهد؛ بازی درمی‌آورد. چون با همهٔ قوهٔ تصّور خودش، کلّهٔ خروس را جانور زنده گمان می‌کرد؛ دست زیر آن می‌زد؛ بُراق می‌شد؛ خودش را پنهان می‌کرد؛ در کمین می‌نشست؛ دوباره حمله می‌کرد و تمام زبردستی و چالاکی نژاد خودش را با جست‌وخیز و جنگ‌وگریزهای پی‌درپی آشکار می‌نمود. بعد از آنکه از نمایش خسته می‌شد؛ کلّهٔ خون‌آلود را با اشتهای هرچه تمام‌تر می‌خورد و تا چند دقیقه بعد، دنبال باقی آن می‌گشت و تا یکی دو ساعت، تمّدن مصنوعی خودش را فراموش می‌کرد؛ نه نزدیک کسی می‌آمد؛ نه ناز می‌کرد و نه تملّق می‌گفت.

«در همان حالی که نازی اظهار دوستی می‌کرد؛ وحشی و تودار بود و اسرار زندگی خودش را فاش نمی‌کرد. خانهٔ ما را مال خودش می‌دانست. اگر گربهٔ غریبه گذارش به آنجا می‌افتاد؛ به‌خصوص اگر ماده بود مدّت‌ها صدای فیف، تغییر و ناله‌های دنباله‌دار شنیده می‌شد.

«صدایی که نازی برای خبر کردن ناهار می‌داد؛ با صدای موقع لوس شدنش فرق داشت. نعره‌ای که از گرسنگی می‌کشید؛ با فریادهایی که در کشمکش‌ها می‌زد و مرنومرنوی که موقع مستی‌اش راه می‌انداخت؛ همه با

هم توفیر داشت و آهنگ آن‌ها تغییر می‌کرد؛ اوّلی فریاد جگرخراش، دویُمی فریاد از روی بغض و کینه، سومی یک نالهٔ دردناک بود که از روی احتیاج طبیعت می‌کشید؛ تا به‌سوی جفت خودش برود. ولی نگاه‌های نازی از همه‌چیز پرمعنی‌تر بود و گاهی احساسات آدمی را نشان می‌داد؛ به‌طوری که انسان بی‌اختیار از خودش می‌پرسید: در پس این کلّهٔ پشم‌آلود، پشت این چشم‌های سبز مرموز، چه فکرهایی و چه احساساتی موج می‌زند!

«پارسال بهار بود که آن پیش‌آمد هولناک رخ داد. می‌دانی در این موسم، همهٔ جانوران مست می‌شوند و به تک‌ودو می‌افتند. مثل این است که باد بهاری یک شور دیوانگی در همهٔ جنبندگان می‌دمد. نازی ما هم برای اوّلین بار شور عشق به کلّه‌اش زد و با لرزه‌ای که همهٔ تن او را به تکان می‌انداخت؛ ناله‌های غم‌انگیز می‌کشید. گربه‌های نر، ناله‌هایش را شنیدند و از اطراف او را استقبال کردند. پس از جنگ‌ها و کشمکش‌ها، نازی یکی از آن‌ها را که از همه پرزورتر و صدایش رساتر بود؛ به همسری خودش انتخاب کرد. در عشق‌ورزی جانوران، بوی مخصوص آن‌ها خیلی اهمیت دارد. برای همین است که گربه‌های لوس خانگی و پاکیزه، در نزد مادهٔ خودشان جلوه‌ای ندارند. برعکس گربه‌های روی تیغهٔ دیوارها، گربه‌های دزد لاغر ولگرد و گرسنه که پوست آن‌ها بوی اصلی نژادشان را می‌دهد؛ طرف توجه مادهٔ خودشان هستند.

«روزها و به‌خصوص تمام شب، نازی و جفتش عشق خودشان را به آواز بلند می‌خواندند. تن نرم و نازک نازی کش و واکش می‌آمد؛ درصورتی‌که تن

دیگری مانند کمان خمیده می‌شد و ناله‌های شادی می‌کردند. تا سفیدهٔ صبح این کار مداومت داشت. آن‌وقت نازی با موهای ژولیده، خسته و کوفته اما خوشبخت وارد اطاق می‌شد.

«شب‌ها از دست عشقبازی نازی خوابم نمی‌برد. آخرش از جا دررفتم. یک روز جلو همین پنجره کار می‌کردم. عاشق و معشوق را دیدم که در باغچه می‌خرامیدند. من با همین ششلول که دیدی؛ در سه قدمی نشان رفتم. ششلول خالی شد و گلوله به جفت نازی گرفت. گویا کمرش شکست؛ یک جست بلند برداشت و بدون اینکه صدا بدهد یا ناله بکشد؛ از دالان گریخت و جلو چینهٔ دیوار باغ افتاد و مُرد.

«تمام خط سیر او چکّه‌های خون چکیده بود. نازی مدتی دنبال او گشت تا رد پایش را پیدا کرد. خونش را بویید و راست سر کشتهٔ او رفت. دو شب و دو روز پای مردهٔ او کشیک داد. گاهی با دستش او را لمس می‌کرد؛ مثل اینکه به او می‌گفت: 'بیدار شو؛ اوّل بهار است. چرا هنگام عشقبازی خوابیدی؟ چرا تکان نمی‌خوری؟ پاشو، پاشو!' چون نازی مُردن سرش نمی‌شد و نمی‌دانست که عاشقش مرده است.

«فردای آن روز نازی با نعش جفتش گم شد. هرجا را گشتیم؛ از هرکس سراغ او را گرفتیم؛ بیهوده بود. آیا نازی از من قهر کرد؟ آیا مُرد؟ آیا پی عشقبازی خودش رفت؟ پس مردهٔ آن دیگری چه شد؟

«یک شب صدای مرنومرنوی همان گربهٔ نر را شنیدم؛ تا صبح وَنگ زد. شب بعد هم به همچنین، ولی صبح صدایش می‌برید. شب سوم، باز ششلول را

برداشتم و سرهوایی به همین درخت کاج جلو پنجره‌ام خالی کردم؛ چون برق چشم‌هایش در تاریکی پیدا بود. نالهٔ طویلی کشید و صدایش برید. صبح پایین درخت سه قطره خون چکیده بود؛ از آن شب تا حالا هرشب می‌آید و با همان صدا ناله می‌کشد. آنهای دیگر خوابشان سنگین است؛ نمی‌شنوند. هرچه به آنها می‌گویم؛ به من می‌خندند ولی من می‌دانم؛ مطمئنم که این صدای همان گربه است که کشته‌ام. از آن شب تاکنون خواب به چشمم نیامده. هرجا می‌روم؛ هر اطاقی می‌خوابم؛ تمام شب این گربهٔ بی‌انصاف با حنجرهٔ ترسناکش ناله می‌کشد و جفت خودش را صدا می‌زند.

«امروز که خانه خلوت بود؛ آمدم همان‌جایی‌که گربه هرشب می‌نشیند و فریاد می‌زند؛ نشانه رفتم. چون از برق چشم‌هایش در تاریکی می‌دانستم که کجا می‌نشیند. تیر که خالی شد؛ صدای نالهٔ گربه را شنیدم و سه قطره خون از آن بالا چکید. تو که به چشم خودت دیدی؟ تو که شاهد من هستی؟»

در این وقت در اطاق باز شد. رخساره و مادرش وارد شدند. رخساره یک دسته گل در دست داشت. من بلند شدم و سلام کردم؛ ولی سیاوش با لبخند گفت:

«البته آقای میرزا احمدخان را شما بهتر از من می‌شناسید؛ لازم به معرفی نیست. ایشان شهادت می‌دهند که سه قطره خون را به چشم خودشان، در پای درخت کاج دیده‌اند.»

«بله من دیده‌ام.»

ولی سیاوش جلو آمد قه‌قه خندید؛ دست کرد از جیبم ششلول مرا درآورد؛ روی میز گذاشت و گفت:

«می‌دانید؛ میرزا احمدخان نه فقط خوب تار می‌زند و خوب شعر می‌گوید؛ بلکه شکارچی قابلی هم هست؛ خیلی خوب نشان می‌زند.

«بعد به من اشاره کرد؛ من هم بلند شدم و گفتم:

«بله امروز عصر آمدم که جزوهٔ مدرسه از سیاوش بگیرم؛ برای تفریح مدّتی به درخت کاج نشانه زدیم؛ ولی آن سه قطره خون مال گربه نیست؛ مال مرغ حق است. می‌دانید که مرغ حق سه گندم از مال صغیر خورده و هر شب آن‌قدر ناله می‌کشد تا سه قطره خون از گلویش بچکد و یا اینکه گربه‌ای، قناری همسایه را گرفته بوده و او را با تیر زده‌اند و از اینجا گذشته است؛ حالا صبر کنید؛ تصنیف تازه‌ای که درآورده‌ام بخوانم؛ تار را برداشتم و آواز را با ساز جور کرده این اشعار را می‌خواندم:

«دریغا که بار دگر شام شد
سراپای گیتی سیه‌فام شد
همه خلق را گاه آرام شد
مگر من که رنج و غمم شد فزون
جهان را نباشد خوشی در مزاج
به‌جز مرگ نبوَد غمم را علاج
ولیکن در آن گوشه در پای کاج
چکیده است بر خاک سه قطره خون»

«به اینجا که رسید؛ مادر رخساره با تغیّر از اطاق بیرون رفت؛ رخساره ابروهایش را بالا کشید و گفت: «این دیوانه است.» بعد دست سیاوش را گرفت و هر دو قه‌قه خندیدند و از در بیرون رفتند و در را به رویم بستند.

«در حیاط که رسیدند؛ زیر فانوس، من از پشت شیشهٔ پنجره آنها را که دیدم؛ یکدیگر را در آغوش کشیدند و بوسیدند.»

گرداب

همایون با خودش زیر لب می‌گفت: «آیا راست است؟... آیا ممکن است؟ آن‌قدر جوان، آنجا در شاه‌عبدالعظیم مابین هزاران مردهٔ دیگر، میان خاک سرد نمناک خوابیده... کفن به تنش چسبیده! دیگر نه اول بهار را می‌بیند و نه آخر پاییز را و نه روزهای خفهٔ غمگین مانند امروز را... آیا روشنایی چشم او و آهنگ صدایش به کلّی خاموش شد!... او که آن‌قدر خندان بود و حرف‌های بامزّه می‌زد...»

هوا ابر بود؛ بخار کم‌رنگی روی شیشه‌های پنجره را گرفته و از پشت آن، شیروانی خانهٔ همسایه دیده می‌شد که یک ورقه برف رویش نشسته بود. برف‌پاره‌ها آهسته و مرتّب در هوا می‌چرخیدند و روی لبهٔ شیروانی فرود می‌آمدند. از دودکش روی شیروانی، دود سیاه رنگی بیرون می‌آمد که جلو آسمان خاکستری پیچ‌وخم می‌خورد و کم‌کم ناپدید می‌گردید.

همایون با زن جوان و دختر کوچکش هما، در اطاق سردستی خودشان جلو بخاری نشسته بودند؛ ولی برخلاف معمول که روز جمعه در این اطاق، خنده و شادی فرمانروایی داشت؛ امروز همهٔ آنها افسرده و خاموش بودند. حتی دختر کوچکشان که آن‌قدر مجلس‌گرمی می‌کرد؛ امروز عروسک گچی خود را با صورت شکسته پهلویش گذاشته، مات و پکر به بیرون نگاه می‌کرد. مثل اینکه او هم پی برده بود که نقصی در بین است و آن نقص، عمو جان بهرام بود که به عادت همیشه نیامده بود. و نیز حس می‌کرد که افسردگی پدر و مادرش برای خاطر اوست؛ لباس سیاه، چشم‌های سرخ بی‌خوابی‌کشیده و دود سیگار که در هوا موج می‌زد؛ همهٔ این‌ها فکر او را تأیید می‌کرد.

همایون خیره به آتش بخاری نگاه می‌کرد؛ ولی فکرش جای دیگر بود. بدون اراده یاد روزهای زمستان مدرسه افتاده بود؛ وقتی‌که مثل امروز یک وجب برف روی زمین می‌نشست؛ زنگ تنفّس را که می‌زدند؛ او و بهرام به دیگران فرصت نمی‌دادند. بازی آنها در این وقت همیشه یک‌جور بود؛ یک گلوله برف را روی زمین می‌غلتانیدند تا اینکه تودهٔ بزرگی می‌شد؛ بعد، بچّه‌ها دو دسته می‌شدند؛ آن را سنگر می‌کردند و گلولهٔ برف‌بازی شروع می‌شد. بدون اینکه احساس سرما بکنند با دست‌های سرخ‌شده که از شدّت سرما می‌سوخت؛ به یکدیگر گلوله پرتاب می‌کردند. یک روز که مشغول همین بازی بودند؛ او یک چنگه برف آبدار را به هم فشرد و به بهرام پرت کرد که پیشانی او را زخم کرد؛ خان ناظم آمد و چند تا ترکهٔ محکم به کف دست او زد و شاید مقدّمهٔ دوستی او با بهرام از همان‌جا شروع شد و تا همین اواخر،

هر وقت داغ زخم پیشانی او را می‌دید؛ یاد کف‌دستی‌ها می‌افتاد. در این مدّت هجده سال، به اندازه‌ای روح و فکر آنها به هم نزدیک شده بود که نه تنها افکار و احساسات خیلی محرمانهٔ خودشان را به یکدیگر می‌گفتند؛ بلکه خیلی از افکار نهانی یکدیگر را نگفته درک می‌کردند.

تقریباً هر دو آنها یک فکر، یک سلیقه و یک اخلاق داشتند. تاکنون کمترین اختلاف‌نظر یا کوچک‌ترین کدورت مابین آنها رخ نداده بود. تا اینکه پریروز صبح بود. در اداره به همایون تلفن زدند که بهرام‌میرزا خودش را کشته. همایون همان ساعت، درشکه گرفت و به تاخت سر بالین او رفت. پارچهٔ سفیدی که روی صورتش انداخته بودند و خون از پشت آن نَشْد کرده بود؛ آهسته پس زد.

مژه‌های خون‌آلود، مغز سر او که روی بالش ریخته بود؛ لکه‌های خون روی قالیچه، ناله و بی‌تابی خویشانش مانند صاعقه در او تأثیر کرد. بعد تا نزدیک غروب که او را به خاک سپردند؛ پابه‌پای تابوت همراهی کرد. یک دسته گل فرستاد آوردند؛ روی قبر او گذاشت و پس از آخرین خدانگهداری، با دل پُری به خانه برگشت. ولی از آن روز تاکنون دقیقه‌ای آرام نداشت. خواب به چشمش نیامده بود و روی شقیقه‌هایش موی سفید پیدا شده بود. یک بسته سیگار روبه‌رویش بود و پی‌درپی از آن می‌کشید.

اولین بار بود که همایون در مسئلهٔ مرگ، غور و تفکّر می‌کرد؛ ولی فکرش به جایی نمی‌رسید. هیچ عقیده و فرضی نمی‌توانست؛ او را قانع بکند.

به‌کلّی مبهوت مانده بود و هیچ تکلیف خودش را نمی‌دانست و گاهی حالت دیوانگی به او دست می‌داد. هرچه کوشش می‌کرد؛ نمی‌توانست فراموش بکند. دوستی آنها در توی مدرسه شروع شده بود و زندگی آنها تقریباً به هم آمیخته بود. در غم و شادیِ یکدیگر شریک بودند و هر لحظه که برمی‌گشت و عکس بهرام را نگاه می‌کرد؛ تمام یادگارهای گذشتهٔ او جلوش زنده می‌شد و او را می‌دید: با سبیل‌های بور، چشم‌های زاغ که از هم فاصله داشت؛ دهن کوچک، چانهٔ باریک، خندهٔ بلند و سینه صاف کردن او، همه جلو چشمش بود. نمی‌توانست باور بکند که او مُرده، آن هم آن‌قدر ناگهانی...! چه جان‌فشانی‌ها که بهرام دربارهٔ او نکرد؛ در مدت سه سال که به مأموریت رفته بود و بهرام سرپرستی خانهٔ او را می‌کرد؛ به‌قول بدری، زنش، «نگذاشت آب تو دل اهل خانه تکان بخورد».

اکنون همایون بار زندگی را حس می‌کرد و افسوس روزهای گذشته را می‌خورد که آن‌قدر خودمانی در همین اطاق دور هم گرد می‌آمدند؛ تخته‌نرد بازی می‌کردند و ساعت‌ها می‌گذشت؛ بدون آنکه گذشتن آن را حس بکنند. ولی چیزی که بیشتر از همه او را شکنجه می‌نمود؛ این فکر بود: «با اینکه آنها آن‌قدر یکدل و یکرنگ بودند و هیچ چیز را از یکدیگر پنهان نمی‌کردند؛ چطور شد که بهرام از این تصمیم خودکشی با او مشورت نکرد؟ چه علتی داشته؟ دیوانه شده یا سِرّ خانوادگی در میان بوده؟» همین را پی‌درپی از خودش می‌پرسید. آخر مثل اینکه فکری به‌نظرش رسید. به زنش بدری پناهنده شد و از او پرسید: «تو چه حدس می‌زنی؛ هیچ می‌دانی چرا بهرام این کار را کرد؟»

بدری که ظاهراً سرگرم خامه‌دوزی بود؛ سرش را بلند کرد و مثل اینکه منتظر این پرسش نبود؛ با بی‌میلی گفت: «من چرا بدانم؟ مگر به تو نگفته بود؟»

«نه... آخر پرسیدم... من هم از همین متعجّبم... از سفر که برگشتم حس کردم؛ تغییر کرده. ولی چیزی به من نگفت. گمان کردم این گرفتگی او برای کارهای اداری است... چون کار اداره روح او را پژمرده می‌کرد؛ بارها به من گفته... اما او هیچ مطلبی را از من نمی‌پوشید.»

«خدا بیامرزدش! چقدر سرزنده و دل به نشاط بود؛ از او این کار بعید بود.»

«نه، ظاهراً این‌طور می‌نمود؛ گاهی خیلی عوض می‌شد. خیلی... وقتی‌که تنها بود... یک روز وارد اطاقش که شدم او را نشناختم؛ سرش را میان دست‌هایش گرفته بود. فکر می‌کرد. همین که دید من یکّه خوردم؛ برای اینکه مغلطه بکند؛ خندید و از همان شوخی‌ها کرد. بازیگر خوبی بود!»

«شاید چیزی داشته که اگر به تو می‌گفت؛ می‌ترسید غمگین بشوی. ملاحظه‌ات را کرده. آخر هرچه باشد تو زن و بچه داری؛ باید به فکر زندگی باشی؛ اما او...»

سرش را با حالت پرمعنی تکان داد؛ مثل اینکه خودکشی او اهمیتی نداشته. دوباره خاموشی، آنها را به فکر وادار کرد؛ ولی همایون حس کرد که حرف‌های زنش ساختگی و محض مصلحت روزگار است. همین زن که هشت سال پیش او را می‌پرستید که آن‌قدر افکار لطیف راجع به عشق داشت! در این ساعت مانند اینکه پرده‌ای از جلو چشمش افتاد؛ این دلداری زنش در مقابل یادگارهای بهرام او را متنفّر کرد. از زنش بیزار

شد که حالا مادّی، عقل‌رس، جاافتاده و به فکر مال و زندگی دنیا بود و نمی‌خواست غم‌وغصّه به خودش راه بدهد و دلیلی که می‌آورد؛ این بود که بهرام زن و بچّه نداشته! چه فکر پستی، چون او خودش را از این لذّت عمومی محروم کرده، مُردنش افسوسی ندارد. آیا ارزش بچّهٔ او در دنیا بیش از رفیقش است؟ هرگز! آیا بهرام قابل افسوس نبود؟ آیا در دنیا کسی را مانند او پیدا خواهد کرد؟...

او باید بمیرد و این سیّد خانم هَفهَفوی نودساله باید زنده باشد که امروز توی برف و سرما از پاچنار، عصازنان آمده بود؛ سراغ خانه بهرام را می‌گرفت تا برود؛ از حلوای مرده بخورد. این مصلحت خداست؛ به نظر زنش طبیعی است و زن او بدری هم، یک روز به‌شکل همین سیّد خانم درمی‌آید. از حالا هم بدون بزک ریختش خیلی عوض شده؛ حالت چشم‌ها و صدایش تغییر کرده. صبح زود به اداره می‌رود؛ هنوز او خواب است. پای چشم‌هایش چین خورده و تازگی خودش را از دست داده. لابد زنش هم همین احساس را نسبت به او می‌کند. که می‌داند؟ آیا خود او هم تغییر نکرده؟ آیا همان همایون مهربان، فرمان‌بردار و خوشگل سابق است؟ آیا زنش را فریب نداده؟ اما چرا این افکار برای او پیدا شده بود؟ آیا در اثر بی‌خوابی بود و یا از یادبود دردناک دوستش؟

در این وقت در باز شد و خدمتکاری که گوشهٔ چادر را به دندانش گرفته بود؛ کاغذ بزرگ لاک‌زده‌ای آورد. به دست همایون داد و رفت.

همایون خط کوتاه و بریده‌بریدهٔ بهرام را روی پاکت شناخت. با شتاب سر آن را باز کرد؛ کاغذی از میان آن بیرون آورد و خواند: «الآن که یک‌ساعت‌ونیم از شب گذشته، به تاریخ ۱۳ مهر ۱۳۱۱ این‌جانب بهرام‌میرزای ارژن‌پور از روی رضا و رغبت، همهٔ دارایی خودم را به هما خانم ماه‌آفرید بخشیدم - بهرام ارژن‌پور.»

همایون با تعجب دوباره آن را خواند و به حالت بهت‌زده کاغذ از دستش افتاد. بدری که زیرچشمی متوجّه او بود؛ پرسید: «کاغذ کی بود؟»

«بهرام.»

«چه نوشته؟»

«می‌دانی همهٔ دارایی خودش را به هما بخشیده...»

«چه مرد نازنینی!»

این اظهار تعجّب مخلوط با ملاطفت، همایون را بیشتر از زنش متنفّر کرد؛ ولی نگاه او بدون اراده روی عکس بهرام قرار گرفت. سپس برگشته به هما نگاه کرد. ناگهان چیزی به‌نظرش رسید که بی‌اختیار لرزید. مانند اینکه پردهٔ دیگری از جلو چشمش افتاد؛ دخترش هما بدون کم و زیاد شبیه بهرام بود؛ نه به او رفته بود و نه به مادرش.

چشم هیچ‌کدام از آنها زاغ نبود؛ دهن کوچک، چانهٔ باریک، درست همهٔ اسباب صورت او مانند بهرام بود. اکنون همایون پی برد که چرا بهرام آن‌قدر هما را دوست داشت و حالا هم بعد از مرگش دارایی خود را به او بخشید! آیا این بچّه‌ای که آن‌قدر دوست داشت؛ نتیجهٔ روابط محرمانهٔ بهرام با زنش

بود؟ آن هم رفیقی که با او جان در یک قالب بود و آن‌قدر به هم اطمینان داشتند؟ زنش سال‌ها با او راه داشته بی‌آنکه او بداند و در تمام این مدّت او را گول زده، مسخره کرده و حالا هم این وصیّت‌نامه، این دشنام پس از مرگ را برایش فرستاده. نه، او نمی‌توانست همهٔ اینها را به خودش هموار بکند. این افکار مانند برق از جلوش گذشت؛ سرش درد گرفت؛ گونه‌هایش سرخ شد؛ نگاه شررباری به بدری انداخت و گفت: «تو چه می‌گویی؟ هان، چرا بهرام این کار را کرده؟ مگر خواهر و برادر نداشت؟»

«از بس که دور از حالا این بچّه را دوست داشت. بندر گز که بودی؛ هما سرخک گرفت. ده شبانه‌روز این مرد پای بالین این بچّه پرستاری می‌کرد. خدا بیامرزدش!»

همایون خشمناک گفت: «نه به این سادگی هم نیست...»

«چطور به این سادگی نیست؟ همه که مثل تو بی‌علاقه نیستند که سه سال زن و بچّه‌ات را بیندازی بروی. وقتی هم که برمی‌گردی؛ دست از پا درازتر، یک جوراب هم برایم نیاوردی. خواستن، دل دادن است. خواستن بچهٔ تو یعنی خواستن تو وگرنه عاشق هما که نشده بود. وانگهی مگر نمی‌دیدی؛ این بچّه را از تخم چشمش بیشتر دوست داشت...»

«نه، به من راستش را نمی‌گویی.»

«می‌خواهی که چه بگویم؟ من نمی‌فهمم...»

«خودت را به نفهمی می‌زنی.»

«یعنی که چه؟... یکی دیگر خودش را کشته، یکی دیگر مال خودش را بخشیده، من باید حساب‌کتاب پس بدهم؟»

«همین‌قدر می‌دانم که تو هم باید بدانی!»

«می‌دانی چیست؛ من گوشه‌کنایه سرم نمی‌شود. برو خودت را معالجه کن؛ حواست پرت است؛ از جان من چه می‌خواهی؟»

«به خیالت من نمی‌دانم؟»

«پس چرا از من می‌پرسی؟»

همایون با بی‌صبری فریاد زد: «بس است. بس است. مرا مسخره کردی!»

سپس وصیت‌نامهٔ بهرام را برداشته گنجله[1] کرد و در بخاری انداخت که گُر زد و خاکستر شد.

بدری پارچهٔ بنفشی که در دست داشت؛ پرت کرد. بلند شد و گفت: «مثلا به من لجبازی کردی؟ به بچّهٔ خودت هم روا نداری؟»

همایون هم بلند شد؛ به میز تکیه داد و با لحن تمسخرآمیز گفت: «بچّهٔ من... بچّهٔ من... پس چرا شکل بهرام است؟»

با آرنجش زد به قاب خاتم که عکس بهرام در آن بود و به زمین افتاد.

بچّه که تاکنون بغض کرده بود؛ به گریه افتاد. بدری با رنگ پریده و آهنگ تهدیدآمیز گفت: «مقصود تو چیست؟ چه می‌خواهی بگویی؟»

---

۱ - مچاله کردن.

«می‌خواهم بگویم که هشت سال است؛ مرا گول زدی. مسخره کردی. هشت سال است که تُف سر بالا بودی نه زن...!»

«به من...؟ به دخترم؟»

همایون با خندهٔ عصبانی قاب عکس را نشان داد و نفس‌زنان گفت: «آره، دختر تو... دختر تو... بردار ببین. می‌خواهم بگویم که حالا چشمم باز شد. فهمیدم چرا بخشش کرده، پدر مهربانی بوده. اما تو به‌قولی خودت هشت سال است که...»

«که توی خانهٔ تو بودم، که همه‌جور ذلّت کشیدم، که با فلاکت تو ساختم، که سه سال نبودی خانه‌ات را نگه داشتم. بعد هم خبرش را برایم آوردند که در بندر گز عاشق یک زنیکهٔ شلختهٔ روسی شده بودی. حالا هم این مزد دستم است؛ نمی‌توانی بهانه‌ای بگیری؛ می‌گویی بچّه‌ام شکل بهرام است. ولی من دیگر حاضر نیستم... دیگر یک دقیقه توی این خانه بند نمی‌شوم. بیا جانم... بیا برویم.»

هما به حالت وحشت‌زده و رنگ‌پریده می‌لرزید و این کشمکش عجیب و بی‌سابقه میان پدر و مادرش را نگاه می‌کرد. گریه‌کنان دامن مادرش را گرفت و هر دو به طرف در رفتند. بدری دم در، دسته‌کلیدی را از جیبش درآورد و به‌سختی پرتاب کرد که جلو پای همایون غلتید.

صدای گریهٔ هما و صدای پا در دالان دور شد. ده دقیقه بعد صدای چرخ درشکه شنیده شد که میان برف و سرما آنها را برد. همایون مات و منگ به سر جای خودش ایستاده بود. می‌ترسید که سرش را بلند بکند. نمی‌خواست

باور بکند که این پیش‌آمدها راست است. از خودش می‌پرسید؛ شاید دیوانه شده و یا خواب ترسناکی می‌بیند؛ ولی چیزی که آشکار بود؛ از این به بعد این خانه و زندگی برایش تحمّل‌ناپذیر بود و دیگر نمی‌توانست؛ دخترش هما را که آن‌قدر دوست داشت؛ ببیند. نمی‌توانست او را ببوسد و نوازش بکند. یادگار گذشتهٔ رفیقش چرکین شده بود. از همه بدتر، زنش هشت سال پنهانی او با یگانه دوستش راه داشته و کانون خانوادگی او را آلوده کرده بود. همهٔ این‌ها در خفای او، بدون اینکه بداند! همه بازیگرهای زبردستی بوده‌اند. تنها او گول خورده و به ریشش خندیده‌اند. از سرتاسر زندگی‌اش بیزار شد؛ از همه‌چیز و همه‌کس سرخورده بود. خودش را بی‌اندازه تنها و بیگانه حس کرد. راه دیگری نداشت؛ مگر اینکه در یکی از شهرهای دور یا یکی از بندرهای جنوب به مأموریت برود و باقی زندگی‌اش را در آنجا به سر ببرد و یا اینکه خودش را سربه‌نیست بکند. برود جایی که هیچ‌کس را نبیند. صدای کسی را نشنود؛ در یک گودال بخوابد و دیگر بیدار نشود. چون برای نخستین بار حس کرد که میان او و همهٔ کسانی‌که دور او بودند؛ گرداب ترسناکی وجود داشته که تاکنون به آن پی نبرده بود.

سیگاری آتش زد؛ چند قدم به درازی اطاق راه رفت؛ دوباره به میز تکیه داد. از پشت شیشهٔ پنجره، تکّه‌های برف مرتّب، آهسته و بی‌اعتنا مانند این بود که به آهنگ موسیقی مرموزی در هوا می‌رقصیدند و روی لبهٔ شیروانی فرود می‌آمدند. بی‌اختیار یاد روزهای خوش و گوارایی افتاد که با پدر و مادرش به ده خودشان در عراق می‌رفتند. روزها را تنها لای سبزه‌ها زیر سایهٔ درخت می‌خوابید؛ همان‌جا که شیرعلی چپقش را چاق می‌کرد؛ روی چرخ خرمن

می‌نشست و دخترش که چادر سرخ داشت؛ ساعت‌های دراز، آنجا انتظار پدرش را می‌کشید. چرخ خرمن با صدای سوزناکش، خوشه‌های طلایی گندم را خرد می‌کرد. گاوها که در اثر سیخک پشتشان زخم شده بود؛ با شاخ‌های بلند و پیشانی گشاده تا غروب دور خودشان می‌گشتند. وضع او اکنون مثل همان گاوها بود. حالا می‌دانست این جانوران چه حس می‌کردند. او هم تمام زندگی، چشم‌بسته به دور خودش چرخیده بود؛ مانند یابوی عَصّاری، مانند آن گاوها که خرمن را می‌کوبیدند؛ ساعت‌های یکنواختی که در اطاق کوچک گمرک، پشت میز نشسته بود و پیوسته همان کاغذها را سیاه می‌کرد؛ به یاد آورد. گاهی همکارش ساعت را نگاه می‌کرد و خمیازه می‌کشید؛ دوباره قلم را برمی‌داشت و همان نمرات را روی ستون خودش می‌نوشت؛ مطابقه می‌کرد؛ جمع می‌زد؛ دفترها را زیر و رو می‌کرد؛ ولی آن‌وقت یک دل‌خوشی داشت؛ می‌دانست که هرچند چشمش، فکرش، جوانی‌اش و نیرویش خرده‌خرده به تحلیل می‌رود؛ اما شب که بهرام، دختر و زنش را با لبخند می‌بیند؛ خستگی او را بیرون می‌آورد. ولی حالا از هر سه آنها بیزار شده بود. هر سه آنها بودند که او را به این روز انداخته بودند.

مثل اینکه تصمیم ناگهانی گرفت؛ رفت پشت میز تحریرش نشست. کشوی آن را بیرون کشید؛ هفت‌تیر کوچکی که همیشه در سفر همراه داشت؛ درآورد. امتحان کرد. فشنگ‌ها سر جایش بود. توی لولهٔ سرد و سیاه آن را نگاه کرد و آن را آهسته برد؛ روی شقیقه‌اش گذاشت؛ ولی صورت خون‌آلود بهرام به یادش افتاد... بالأخره آن را در جیب شلوارش جای داد.

دوباره بلند شد. در دالان پالتو و گالش خود را پوشید. چتر را هم برداشت و از در خانه بیرون رفت. کوچه خلوت بود. تکّه‌های برف، آهسته در هوا می‌چرخید. او بی‌درنگ راه افتاد؛ در صورتی‌که نمی‌دانست کجا می‌رود. همین‌قدر می‌خواست که از خانه‌اش، از این‌همه پیشامدهای ترسناک بگریزد و دور بشود.

از خیابانی سر درآورد که سرد و سفید و غم‌انگیز بود. جای چرخ درشکه میان آن، تشکیل شیارهای پست و بلند داده بود. او آهسته گام‌های بلند برمی‌داشت. اتومبیلی از پهلوی او گذشت و برف‌های آبدار و گِل خیابان را به سر و روی او پاشید. ایستاد. لباسش را نگاه کرد که غرق گِل شده بود و مثل این بود که او را تسلّی داد. در بین راه، برخورد به یک پسربچّهٔ کبریت‌فروش. او را صدا زد. یک کبریت خرید؛ ولی به صورت او که نگاه کرد؛ دید چشم‌های زاغ، لب کوچک و موی بور داشت. یاد بهرام افتاد. تنش لرزید و راه خودش را در پیش گرفت. ناگهان جلوی شیشهٔ دکانی ایستاد. جلو رفت. پیشانی‌اش را به شیشهٔ سرد چسبانید؛ نزدیک بود کلاهش بیفتد. پشت شیشه اسباب‌بازی چیده بودند. آستینش را روی شیشه می‌مالید تا بخار آب روی آن را پاک بکند؛ ولی این کار بیهوده بود. یک عروسک بزرگ با صورت سرخ و چشم‌های آبی جلو او بود؛ لبخند می‌زد. مدّتی مات به آن نگریست. یادش افتاد اگر این عروسک، مال هما بود؛ چقدر او را خوشحال می‌کرد. صاحب مغازه در را باز کرد. او دوباره به راه افتاد؛ از دو کوچهٔ دیگر گذشت. سر راه او، مرغ‌فروشی پهلوی سبد خودش نشسته بود. روی سبد سه مرغ و یک خروس که پاهایشان به هم بسته شده بود؛ گذاشته شده بود.

پاهای سرخ آنها از سرما می‌لرزید. پهلوی او روی برف، چکّه‌های خون سرخ ریخته بود. کمی دورتر، جلو هشتی خانه‌ای، پسربچّهٔ کچلی نشسته بود که بازوهایش از پیراهن پاره بیرون آمده بود.

همهٔ این‌ها را متوجه شد؛ بدون اینکه محلّه و راهش را بشناسد. برفی که می‌آمد؛ حس نمی‌کرد و چتر بسته‌ای که برداشته بود؛ همین‌طور در دست داشت. در کوچهٔ خلوت دیگری رفت. روی سکوی خانه‌ای نشست. برف تندتر شده بود. چترش را باز کرد. خستگی زیادی او را فراگرفته بود. سرش سنگینی می‌کرد؛ چشم‌هایش آهسته بسته شد.

صدای حرف گذرنده‌ای او را به خود آورد. بلند شد؛ هوا تاریک شده بود. همهٔ گذارش روزانه را به یاد آورد. همچنین بچّهٔ کچلی که در هشتی آن خانه دیده بود و بازویش از پیراهن پاره پیدا بود و پاهای سرخ خیس شدهٔ مرغ‌ها که روی سبد از سرما می‌لرزید و خونی که روی برف ریخته بود. کمی احساس گرسنگی نمود. از دکان شیرینی‌فروشی، نان‌شیرینی خرید. در راه می‌خورد و مانند سایه در کوچه‌ها بدون اراده پرسه می‌زد.

وقتی‌که وارد خانه شد؛ دو از نصف‌شب گذشته بود. روی صندلی راحتی افتاد. یک ساعت بعد از زور سرما بیدار شد؛ با لباس رفت روی تخت‌خواب، لحاف را به سرش کشید. خواب دید که در اطاقی همان بچّهٔ کبریت‌فروش، لباس سیاه پوشیده بود و پشت میزی که رویش یک عروسک بزرگ بود؛ با چشم‌های آبی که لبخند می‌زد و جلو او سه نفر دست‌به‌سینه ایستاده بودند. دختر او هما وارد شد. شمعی در دست داشت. پشت سر او

مردی وارد شد که روی صورتش نقاب سفید خون‌آلود بود. جلو رفت؛ دست آن پسر کبریت‌فروش و هما را گرفت. همین که خواست از در بیرون برود؛ دو تا دست که هفت‌تیر به‌طرف او گرفته بودند؛ از پشت پرده درآمد.

همایون هراسان، با سردرد از خواب پرید.

دو هفته زندگی او به همین ترتیب گذشت. روزها را به اداره می‌رفت و فقط شب‌ها خیلی دیر برای خواب به خانه برمی‌گشت. گاهی عصرها نمی‌دانست؛ چطور گذارش از نزدیک مدرسهٔ دخترانه‌ای می‌افتاد که هما در آنجا بود. وقت مرخّصی آنها سر پیچ پشت دیوار پنهان می‌شد؛ می‌ترسید مبادا مشهدی علی نوکر خانهٔ پدرزنش او را ببینند. یکی‌یکی بچّه‌ها را برانداز می‌کرد؛ ولی دخترش هما را مابین آنها نمی‌دید. تا اینکه درخواست مأموریّت او قبول شد و به او پیشنهاد کردند که برود در گمرک کرمانشاه.

روز پیش از حرکت، همایون همهٔ کارهایش را روبه‌راه کرد؛ حتی در گاراژ اتومبیل را دید و قطع کرد و بلیط خرید. با وجود اصرار صاحب گاراژ، چون چمدان‌هایش را نبسته بود؛ عوض اینکه غروب همان روز برود؛ قرار گذاشت فردا صبح به کرمانشاه حرکت بکنند.

وارد خانه‌اش که شد؛ یک‌سر رفت به اطاق سردستی خودش که میز تحریرش آنجا بود. اطاق شوریده، ریخته و پاشیده، خاکستر سرد در پیش بخاری ریخته بود. پارچهٔ بنفش خامه‌دوزی و پاکت بهرام را که وصیّت‌نامچه در آن بود؛ روی میز گذاشته بودند؛ پاکت را برداشت از میان پاره کرد؛ ولی تکّه

کاغذ نوشته‌ای در میان آن دید که آن روز از شدّت تعجیل، ملتفت آن نشده بود. بعد از آنکه تکّه‌ها را روی میز بغل هم گذاشت؛ این‌طور خواند:

«لابد این کاغذ بعد از مرگم به تو خواهد رسید. می‌دانم که از این تصمیم ناگهانی من تعجب خواهی کرد؛ چون هیچ کاری را بدون مشورت با تو نمی‌کردم؛ ولی برای اینکه سِرّی در میان ما نباشد؛ اقرار می‌کنم که من، بدری، زنت را دوست داشتم. چهار سال بود که با خودم می‌جنگیدم. آخرش غلبه کردم و دیوی که در من بیدار شده بود؛ کشتم؛ برای اینکه به تو خیانت نکرده باشم. پیشکش ناقابلی به هما خانم می‌کنم که امیدوارم قبول بشود.

قربان تو بهرام.»

همایون مدّتی مات دور اطاق نگاه کرد. حالا دیگر او شک نداشت که هما بچّهٔ خودش است. آیا می‌توانست برود؛ بدون اینکه هما را ببیند؟ کاغذ را دوباره و سه‌باره خواند؛ در جیبش فروکرد و از خانه بیرون رفت. سر راه در مغازهٔ اسباب‌بازی وارد شد و بی‌تأمّل، عروسک بزرگی که صورت سرخ و چشم‌های آبی داشت؛ خرید و به‌سوی خانهٔ پدرزنش رفت؛ آنجا که رسید در زد. مشدی علی نوکرشان، همایون را که دید؛ با چشم‌های اشک‌آلود گفت:

«آقا، چه خاکی به سرم شد؟ هما خانم!»

«چه شده؟»

«آقا! نمی‌دانید؛ هما خانم از دوری شما چه بی‌تابی می‌کرد. هر روز من می‌بردمش مدرسه، روز یکشنبه بود. تا حالا پنج روز می‌شود که عصرش از مدرسه فرار کرد. گفته بود؛ می‌روم آقاجانم را ببینم. ما آن‌قدر دستپاچه شدیم. مگر محمّد به شما نگفت؟ به نظمیه تلفون کردیم؛ دو بار من آمدم در خانه‌تان.»

«چه می‌گویی؟ چه شده؟»

«هیچ آقا، سر شب بود که او را به خانه‌مان آوردند. راه را گم کرده بود. از سوز سرما، سینه‌پهلو کرد. تا آن دمی که مُرد، همه‌اش شما را صدا می‌زد. دیروز او را بردیم شاه‌عبدالعظیم، همان پهلوی قبر بهرام‌میرزا او را به خاک سپردیم.»

همایون خیره به مشدی علی نگاه می‌کرد؛ به اینجا که رسید؛ جعبهٔ عروسک از زیر بغلش افتاد. بعد مانند دیوانه‌ها یخهٔ پالتوش را بالا کشید و با گام‌های بلند به طرف گاراژ رفت؛ چون دیگر از بستن چمدان منصرف شد و با اتومبیل عصر می‌توانست؛ هرچه زودتر حرکت بکند.

داش آکل

همهٔ اهل شیراز می‌دانستند که داش‌آکل و کاکا رستم سایهٔ یکدیگر را با تیر می‌زدند. یک روز داش‌آکل روی سکوی قهوه‌خانهٔ دومیل چُندَک زده بود؛ همان‌جا که پاتوق قدیمی‌اش بود. قفس کرکی که رویش شلهٔ سرخ کشیده بود؛ پهلویش گذاشته بود و با سرانگشتش یخ را دور کاسهٔ آبی می‌گردانید. ناگاه کاکا رستم از در درآمد؛ نگاه تحقیرآمیزی به او انداخت و همین‌طور که دستش پَرِ شالش بود؛ رفت روی سکوی مقابل نشست. بعد رو کرد به شاگرد قهوه‌چی و گفت: «به به بچّه، یه یه چای بیار ببینیم.»

داش‌آکل نگاه پرمعنی به شاگرد قهوه‌چی انداخت؛ به‌طوری‌که او ماست‌ها را کیسه کرد و فرمان کاکا را نشنیده گرفت. استکان‌ها را از جام برنجی درمی‌آورد و در سطل آب فرومی‌برد؛ بعد یکی‌یکی خیلی آهسته آنها را خشک می‌کرد. از مالش حوله دور شیشهٔ استکان، صدای غژغژ بلند شد.

کاکا رستم از این بی‌اعتنایی خشمگین شد؛ دوباره داد زد: «مه مه مگه کری! به به تو هستم؟!»

شاگرد قهوه‌چی با لبخند مردّد به داش‌آکل نگاه کرد و کاکا رستم از مابین دندان‌هایش گفت: «ار. وای شک‌کمشان، آنهایی که قُ قُ قُپی پا می‌شند؛ اگِ لولوطی هستند؛ اِاِاِمشب می‌آیند؛ دست و پَه پَه پنجه نرم می‌ک‌کنند!»

داش‌آکل همین‌طور که یخ را دور کاسه می‌گردانید و زیر چشمی وضعیّت را می‌پایید؛ خندهٔ گستاخی کرد؛ که یک رَج دندان‌های سفید محکم از زیر سبیل حنابستهٔ او برق زد و گفت: «بی‌غیرت‌ها رجز می‌خوانند؛ آن‌وقت معلوم می‌شه رستم‌صولت و افندی‌پیزی کیست.»

همه زدند زیر خنده، نه اینکه به گرفتن زبان کاکا رستم خندیدند؛ چون می‌دانستند که او زبانش می‌گیرد؛ ولی داش‌آکل در شهر مثل گاو پیشانی‌سفید سرشناس بود و هیچ لوطی پیدا نمی‌شد که ضرب شستش را نچشیده باشد. هر شب وقتی که توی خانهٔ ملّا اسحق یهودی، یک بطری عرق دوآتشه را سر می‌کشید و دم محلهٔ سردزک می‌ایستاد؛ کاکا رستم که سهل بود؛ اگر جدّش هم می‌آمد؛ لُنگ می‌انداخت. خود کاکا هم می‌دانست که مرد میدان و حریف داش‌آکل نیست؛ چون دو بار از دست او زخم خورده بود و سه‌چهار بار هم روی سینه‌اش نشسته بود. بخت‌برگشته چند شب پیش کاکا رستم میدان را خالی دیده بود و گردوخاک می‌کرد. داش‌آکل مثل اجل معلّق سر رسید و یک مشت متلک بارش کرده بود؛ به او گفته بود:

«کاکا، مردت خانه نیست. معلوم می‌شه که یک بست فور بیشتر کشیدی؛ خوب شنگلت کرده. می‌دانی چیپه، این بی‌غیرت‌بازی‌ها، این دون‌بازی‌ها

را کنار بگذار؛ خودت را زده‌ای به لاتی، خجالت هم نمی‌کشی؟ این هم یک جور گدایی است که پیشهٔ خودت کرده‌ای. هر شبهٔ خدا جلو راه مردم را می‌گیری؟ به پوریای ولی قسم، اگر دو مرتبه بدمستی کردی؛ سبیلت را دود می‌دهم. با برگهٔ همین قمه دو نیمت می‌کنم.»

آن‌وقت کاکا رستم دُمَش را گذاشت روی کولش و رفت؛ اما کینهٔ داش‌آکل را به دلش گرفته بود و پی بهانه می‌گشت تا تلافی بکند.

از طرف دیگر داش‌آکل را همهٔ اهل شیراز دوست داشتند. چه او در همان حال که محلهٔ سردزک را قُرُق می‌کرد؛ کاری به کار زن‌ها و بچّه‌ها نداشت؛ بلکه برعکس با مردم به مهربانی رفتار می‌کرد و اگر اجل‌برگشته‌ای با زنی شوخی می‌کرد یا به کسی زور می‌گفت؛ دیگر جان سلامت از دست داش‌آکل به‌درنمی‌برد. اغلب دیده می‌شد که داش‌آکل از مردم دست‌گیری می‌کرد؛ بخشش می‌نمود و اگر دَنگش می‌گرفت[1]؛ بار مردم را به خانه‌شان می‌رسانید. ولی بالای دست خودش، چشم نداشت کس دیگر را ببیند؛ آن هم کاکا رستم که روزی سه مثقال تریاک می‌کشید و هزار جور بامبول می‌زد.

کاکا رستم از این تحقیری که در قهوه‌خانه نسبت به او شد؛ مثل برج زهرمار نشسته بود؛ سبیلش را می‌جَوید و اگر کاردش می‌زدند؛ خونش درنمی‌آمد. بعد از چند دقیقه که شلیک خنده فروکش کرد؛ همه آرام شدند؛ مگر شاگرد قهوه‌چی که با رنگ تاسیدهٔ[2] پیراهن یخه‌حسنی، شب‌کلاه و شلوار

---

۱ - هوسِ بی موقع برای انجام کاری کردن.

۲ - تیره.

دبیت دستش را روی دلش گذاشته بود و از زور خنده پیچ‌وتاب می‌خورد و بیشتر سایرین به خندهٔ او می‌خندیدند. کاکا رستم از جا دررفت؛ دست کرد قندان بلور تراش را برداشت؛ برای سر شاگرد قهوه‌چی پرت کرد. ولی قندان به سماور خورد و سماور از بالای سکو با قوری به زمین غلتید و چندین فنجان را شکست. بعد کاکا رستم بلند شد؛ با چهرهٔ برافروخته از قهوه‌خانه بیرون رفت.

قهوه‌چی با حال پریشان سماور را وارسی کرد و گفت: «رستم بود و یک دست اسلحه، ما بودیم و همین سماور لکنته.»

این جمله را با لحن غم‌انگیزی ادا کرد؛ ولی چون در آن کنایه به رستم زده بود؛ بدتر خنده شدّت کرد. قهوه‌چی از زور پسی[1] به شاگردش حمله کرد؛ ولی داش‌آکل با لبخند دست کرد؛ یک کیسه پول از جیبش درآورد؛ آن میان انداخت.

قهوه‌چی کیسه را برداشت؛ وزن کرد و لبخند زد.

در این بین مردی با پستک مخمل، شلوار گشاد، کلاه نمدی کوتاه سراسیمه وارد قهوه‌خانه شد؛ نگاهی به اطراف انداخت؛ رفت جلو داش‌آکل سلام کرد و گفت: «حاجی صمد مرحوم شد.»

داش‌آکل سرش را بلند کرد و گفت:

«خدا بیامرزدش!»

---

۱ - از روی ناچاری، اجباراً

«مگر شما نمی‌دانید وصیّت کرده.»

«من که مرده‌خور نیستم. برو مرده‌خورها را خبر کن.»

«آخر شما را وکیل و وصی خودش کرده...»

مثل اینکه از این حرف چرت داش‌آکل پاره شد؛ دو بار نگاهی به سر تا پای او کرد؛ دست کشید روی پیشانی‌اش، کلاه تخم‌مرغی او پس رفت و پیشانی دورنگهٔ او بیرون آمد که نصفش از تابش آفتاب، سوخته و قهوه‌ای‌رنگ شده بود و نصف دیگرش که زیر کلاه بود؛ سفید مانده بود. بعد سرش را تکان داد؛ چپق دسته‌خاتم خودش را درآورد؛ به‌آهستگی سر آن را توتون ریخت و با شستش دور آن را جمع کرد؛ آتش زد و گفت:

«خدا حاجی را بیامرزد؛ حالا که گذشت؛ ولی خوب کاری نکرد؛ ما را توی دَغْمَسه[1] انداخت. خوب، تو برو، من از عقب می‌آیم.»

کسی که وارد شده بود؛ پیشکار حاجی صمد بود و با گام‌های بلند از در بیرون رفت.

داش‌آکل سه‌گره‌اش[2] را در هم کشید؛ با تفنن به چپقش پک می‌زد و مثل این بود که ناگهان روی هوای خنده و شادی قهوه‌خانه از ابرهای تاریک پوشیده شد. بعد از آنکه داش‌آکل خاکستر چپقش را خالی کرد؛ بلند شد قفس کرک را به دست شاگرد قهوه‌چی سپرد و از قهوه‌خانه بیرون رفت.

---

۱ - مخمصه. مشکل.

۲ - سگرمه، گره ابرو.

هنگامی که داش‌آکل وارد بیرونی حاجی صمد شد؛ ختم را ورچیده بودند؛ فقط چند نفر قاری و جزوه‌کش سر پول کشمکش داشتند. بعد از اینکه چند دقیقه دم حوض معطل شد؛ او را وارد اطاق بزرگی کردند که ارسی‌های آن رو به بیرونی باز بود. خانم آمد پشت پرده و پس از سلام و تعارف معمولی، داش‌آکل روی تشک نشست و گفت: «خانم سر شما سلامت باشد؛ خدا بچه‌هایتان را به شما ببخشد.»

خانم با صدای گرفته گفت: «همان شبی که حال حاجی به هم خورد؛ رفتند امام جمعه را سر بالینش آوردند و حاجی در حضور همهٔ آقایان شما را وکیل و وصی خودش معرفی کرد؛ لابد شما حاجی را از پیش می‌شناختید؟»

«ما پنج سالی پیش در سفر کازرون با هم آشنا شدیم.»

«حاجی خدابیامرز همیشه می‌گفت؛ اگر یک نفر مرد هست؛ فلانی است.»

«خانم، من آزادی خودم را از همه‌چیز بیشتر دوست دارم؛ اما حالا که زیر دِین مرده رفته‌ام؛ به همین تیغهٔ آفتاب قسم، اگر نمردم؛ به همهٔ این کَلَم به سرها[1] نشان می‌دهم.»

بعد همین‌طور که سرش را برگردانید؛ از لای پردهٔ دیگر، دختری را با چهرهٔ برافروخته و چشم‌های گیرندهٔ سیاه دید. یک دقیقه نکشید که در چشم‌های یکدیگر نگاه کردند؛ ولی آن دختر مثل اینکه خجالت کشید؛ پرده را انداخت و عقب رفت. آیا این دختر خوشگل بود؟

۱- کنایه از آخوندها.

شاید، ولی در هر صورت چشم‌های گیرندهٔ او کار خودش را کرد و حال داش‌آکل را دگرگون نمود؛ او سر را پایین انداخت و سرخ شد.

این دختر، مرجان، دختر حاجی صمد بود که از کنجکاوی آمده بود؛ داش سرشناس شهر و قَیّم خودشان را ببیند.

داش‌آکل از روز بعد مشغول رسیدگی به کارهای حاجی شد. با یک نفر سمسار خبره، دو نفر داش محل و یک نفر منشی، همهٔ چیزها را با دقّت ثبت و سیاهه برداشت. آنچه زیادی بود؛ در انباری گذاشت. درِ آن را مهروموم کرد. آنچه فروختنی بود؛ فروخت. قباله‌های املاک را داد؛ برایش خواندند. طلب‌هایش را وصول کرد و بدهکاری‌هایش را پرداخت. همهٔ این کارها در دو روز و دو شب، روبه‌راه شد. شب سوم، داش‌آکل خسته و کوفته از نزدیک چهارسوی سید حاج غریب، به‌طرف خانه‌اش می‌رفت. در راه، امام قلی چلنگر به او برخورد و گفت: «تا حالا دو شب است که کاکا رستم چشم‌به‌راه شما بود. دیشب می‌گفت؛ یارو خوب ما را غال گذاشت و شیخی را دید؛ به نظرم قولش از یادش رفته!»

داش‌آکل دست کشید؛ به سبیلش و گفت: «بی‌خیالش باش!»

داش‌آکل خوب یادش بود که سه روز پیش در قهوه‌خانهٔ دو میل کاکا رستم برایش خط‌ونشان کشید؛ ولی از آنجایی که حریفش را می‌شناخت و می‌دانست که کاکا رستم با امامقلی ساخته تا او را از رو ببرند؛ اهمیتی به حرف او نداد؛ راه خودش را پیش گرفت و رفت. در میان راه، همهٔ هوش و

حواسش متوجّه مرجان بود. هرچه می‌خواست صورت او را از جلو چشمش دور بکند؛ بیشتر و سخت‌تر در نظرش مجسّم می‌شد.

داش‌آکل مردی سی‌وپنج ساله، تنومند ولی بدسیما بود. هرکس دفعهٔ اول او را می‌دید؛ قیافه‌اش توی ذوق می‌زد؛ اما اگر یک مجلس پای صحبت او می‌نشستند یا حکایت‌هایی که از دورهٔ زندگی او ورد زبان‌ها بود می‌شنیدند؛ آدم را شیفتهٔ او می‌کرد. هرگاه زخم‌های چپ‌اندرراست قمه که به صورت او خورده بود؛ ندیده می‌گرفتند؛ داش‌آکل قیافهٔ نجیب و گیرنده‌ای داشت: چشم‌های میشی، ابروهای سیاه پرپشت، گونه‌های فراخ، بینی باریک با ریش و سبیل سیاه. ولی زخم‌ها کار او را خراب کرده بود. روی گونه‌ها و پیشانی او جای زخم قدّاره بود که بعد جوش خورده بود و گوشت سرخ از لای شیارهای صورتش برق می‌زد و از همه بدتر، یکی از آنها کنار چشم چپش را پایین کشیده بود.

پدر او یکی از ملّاکین بزرگ فارس بود و زمانی‌که مُرد؛ همهٔ دارایی او به پسر یکی‌یکدانه‌اش رسید. ولی داش‌آکل، پشت گوش فراخ و گشادباز بود؛ به پول و مال دنیا ارزشی نمی‌گذاشت. زندگیش را به مردانگی و آزادی و بخشش و بزرگ‌منشی می‌گذرانید. هیچ دلبستگی دیگری در زندگانیش نداشت و همهٔ دارایی خودش را به مردم ندار و تنگ‌دست بذل‌وبخشش می‌کرد یا عرق دوآتشه می‌نوشید و سر چهارراه‌ها نعره می‌کشید و یا در مجالس بزم با یک دسته از دوستان که انگل او شده بودند؛ صرف می‌کرد.

همهٔ معایب و محاسن او تا همین اندازه محدود می‌شد؛ ولی چیزی که شگفت‌آور به نظر می‌آمد؛ اینکه تاکنون موضوع عشق و عاشقی در زندگی او رخنه نکرده بود. چند بار هم که رفقا زیر پایش نشسته و مجالس محرمانه فراهم آورده بودند؛ او همیشه کناره گرفته بود. اما از روزی که وکیل و وصی حاجی صمد شد و مرجان را دید؛ در زندگیش تغییر کلّی رخ داد. از یک طرف خودش را زیر دِین مُرده می‌دانست و زیر بار مسئولیّت رفته بود؛ از طرف دیگر، دل‌باختهٔ مرجان شده بود. ولی این مسئولیّت بیش از هر چیز او را در فشار گذاشته بود؛ کسی که توی مال خودش توپ بسته بود و از لاابالی‌گری، مقداری از دارایی خودش را آتش زده بود؛ هر روز از صبح زود که بلند می‌شد؛ به فکر این بود که درآمد املاک حاجی را زیادتر بکنند. زن و بچّه‌های او را در خانهٔ کوچک‌تر برد؛ خانهٔ شخصی آنها را کرایه داد؛ برای بچّه‌هایش معلم سرخانه آورد؛ دارایی او را به جریان انداخت و از صبح تا شام مشغول دوندگی و سرکشی به علاقه و املاک حاجی بود.

از این به بعد داش‌آکل از شبگردی و قُرُق کردن چهارسو کناره گرفت. دیگر با دوستانش جوششی نداشت و آن شور سابق از سرش افتاد. ولی همهٔ داش‌ها و لات‌ها که با او هم‌چشمی داشتند؛ به تحریک آخوندها که دستشان از مال حاجی کوتاه شده بود؛ دو به دستشان افتاده، برای داش‌آکل لُغُز می‌خواندند و حرف او نقل مجالس و قهوه‌خانه‌ها شده بود. در قهوه‌خانهٔ پاچنار، اغلب توی کوک داش‌آکل می‌رفتند و گفته می‌شد: «داش‌آکل را می‌گویی؟ دهنش می‌چاد؛ سگ کی باشد؟ یارو خوب دک

شد؛ در خانهٔ حاجی موس‌موس می‌کند. گویا چیزی می‌ماسد؛ دیگر دم محلهٔ سردزک که می‌رسد؛ دمش را تو پاش می‌گیرد و رد می‌شود.»

کاکا رستم با عقده‌ای که در دل داشت؛ با لکنت زبانش می‌گفت: «سر پیری و معرکه‌گیری! یارو عاشق دختر حاجی صمد شده! گزلیکش را غلاف کرد! خاک تو چشم مردم پاشید؛ کتره‌ای چو انداخت تا وکیل حاجی شد و همهٔ املاکش را بالاکشید. خدا بخت بدهد.»

دیگر حنای داش‌آکل پیش کسی رنگ نداشت و برایش تره هم خرد نمی‌کردند. هرجا که وارد می‌شد؛ درِ گوشی با هم پچ‌وپچ می‌کردند و او را دست می‌انداختند. داش‌آکل از گوشه‌وکنار این حرف‌ها را می‌شنید؛ ولی به روی خودش نمی‌آورد و اهمیتی هم نمی‌داد؛ چون عشق مرجان به‌طوری در رگ‌وپی او ریشه دوانیده بود که فکر و ذکری جز او نداشت.

شب‌ها از زور پریشانی، عرق می‌نوشید و برای سرگرمی خودش یک طوطی خریده بود. جلو قفس می‌نشست و با طوطی درددل می‌کرد. اگر داش‌آکل خواستگاری مرجان را می‌کرد؛ البته مادرش مرجان را به روی دست به او می‌داد. ولی از طرف دیگر او نمی‌خواست که پای‌بند زن و بچه بشود؛ می‌خواست آزاد باشد؛ همان‌طوری که بار آمده بود. به‌علاوه پیش خودش گمان می‌کرد؛ هرگاه دختری که به او سپرده شده، به زنی بگیرد؛ نمک‌به‌حرامی خواهد بود. از همه بدتر، هر شب صورت خودش را در آینه نگاه می‌کرد؛ جای جوش‌خوردهٔ زخم‌های قمه، گوشهٔ چشم پایین کشیدهٔ خودش را برانداز می‌کرد و با آهنگ خراشیده‌ای بلندبلند می‌گفت: «شاید

مرا دوست نداشته باشد! بلکه شوهر خوشگل و جوان پیدا بکند... نه، از مردانگی دور است... او چهارده سال دارد و من چهل سالم است... اما چه بکنم؟ این عشق مرا می‌کشد... مرجان.... تو مرا کشتی.... به که بگویم؟ مرجان.... عشق تو مرا کشت...!»

اشک در چشم‌هایش جمع و گیلاس روی گیلاس عرق می‌نوشید. آن‌وقت با سردرد، همین‌طور که نشسته بود؛ خوابش می‌برد.

ولی نصف‌شب، آن وقتی که شهر شیراز با کوچه‌های پرپیچ‌وخم، باغ‌های دلگشا و شراب‌های ارغوانیش به خواب می‌رفت؛ آن وقتی که ستاره‌ها آرام و مرموز، بالای آسمان قیرگون به هم چشمک می‌زدند؛ آن وقتی که مرجان با گونه‌های گلگونش در رختخواب، آهسته نفس می‌کشید و گذارش روزانه از جلوی چشمش می‌گذشت؛ همان وقت بود که داش‌آکل حقیقی، داش‌آکل طبیعی با تمام احساسات و هوا و هوس، بدون رودربایستی از توی قشری که آداب و رسوم جامعه به دور او بسته بود؛ از توی افکاری که از بچّگی به او تلقین شده بود؛ بیرون می‌آمد و آزادانه مرجان را تنگ در آغوش می‌کشید؛ تپش آهستهٔ قلب، لب‌های آتشین و تن نرمش را حس می‌کرد و از روی گونه‌هایش بوسه می‌زد. ولی هنگامی که از خواب می‌پرید؛ به خودش دشنام می‌داد؛ به زندگی نفرین می‌فرستاد و مانند دیوانه‌ها در اطاق به دور خودش می‌گشت؛ زیر لب با خودش حرف می‌زد و باقی روز را هم برای اینکه فکر عشق را در خودش بکشد؛ به دوندگی و رسیدگی به کارهای حاجی می‌گذرانید.

هفت سال به همین منوال گذشت؛ داش‌آکل از پرستاری و جان‌فشانی دربارهٔ زن و بچّهٔ حاجی ذرّه‌ای فروگذار نکرد. اگر یکی از بچّه‌های حاجی ناخوش می‌شد؛ شب و روز مانند یک مادر دلسوز به پای او شب‌زنده‌داری می‌کرد و به آنها دلبستگی پیدا کرده بود؛ ولی علاقهٔ او به مرجان چیز دیگری بود و شاید همان عشق مرجان بود که او را تا این اندازه، آرام و دست‌آموز کرده بود. در این مدّت، همهٔ بچه‌های حاجی صمد از آب و گل درآمده بودند.

ولی، آنچه که نباید بشود شد و پیش‌آمد مهم روی داد؛ برای مرجان شوهر پیدا شد؛ آن هم چه شوهری که هم پیرتر و هم بدگل‌تر از داش‌آکل بود. از این واقعه خم به ابروی داش آکل نیامد؛ بلکه برعکس با نهایت خونسردی مشغول تهیّهٔ جهاز شد و برای شب عقدکنان جشن شایانی آماده کرد. زن و بچّهٔ حاجی را دوباره به خانهٔ شخصی خودشان برد و اطاق بزرگ اُرسی‌دار را برای پذیرایی مهمان‌های مردانه معیّن کرد؛ همهٔ کلّه‌گنده‌ها، تاجرها و بزرگان شهر شیراز در این جشن دعوت داشتند.

ساعت پنج بعدازظهر آن روز، وقتی که مهمان‌ها گوش‌تاگوش دور اطاق، روی قالی‌ها و قالیچه‌های گران‌بها نشسته بودند و خوانچه‌های شیرینی و میوه جلو آنها چیده شده بود؛ داش‌آکل با همان سر و وضع داشی قدیمش، با موهای پاشنه‌نخواب شانه‌کرده؛ اَرخَلُق راه‌راه، شب‌بند قدّاره، شال جوزه‌گره، شلوار دبیت مشکی، ملکی کار آباده و کلاه طاسولهٔ نونوار وارد شد. سه نفر هم با دفتر و دستک دنبال او وارد شدند. همهٔ مهمان‌ها به

سرتاپای او خیره شدند. داش‌آکل با قدم‌های بلند جلو امام جمعه رفت؛ ایستاد و گفت: «آقای امام، حاجی خدابیامرز وصیّت کرد و هفت سال آزگار ما را توی هچل انداخت. پسر از همه‌کوچک‌ترش که پنج ساله بود؛ حالا دوازده سال دارد. این هم حساب‌وکتاب دارایی حاجی است. (اشاره کرد به سه نفری که دنبال او بودند.) تا به امروز هرچه خرج شده با مخارج امشب، همه را از جیب خودم داده‌ام. حالا دیگر ما به سی خودمان، آنها هم به سی خودشان!»

تا اینجا که رسید؛ بغض بیخ گلویش را گرفت. سپس بدون اینکه دیگر چیزی بیفزاید یا منتظر جواب بشود؛ سرش را زیر انداخت و با چشم‌های اشک‌آلود از در بیرون رفت. در کوچه نفس راحتی کشید؛ حس کرد که آزاد شده و بار مسئولیت از روی دوشش برداشته شده، ولی دل او شکسته و مجروح بود. گام‌های بلند و لاابالی برمی‌داشت؛ همین‌طور که می‌گذشت؛ خانهٔ ملّا اسحق عرق‌کش جهود را شناخت. بی‌درنگ از پلّه‌های نم‌کشیدهٔ آجری آن، داخل حیاط کهنه و دودزده‌ای شد که دورتادورش اطاق‌های کوچک کثیف با پنجره‌های سوراخ‌سوراخ مثل لانهٔ زنبور داشت و روی آب حوض خزهٔ سبز بسته بود. بوی ترشیده، بوی پرک و سردابه‌های کهنه در هوا پراکنده بود. ملّا اسحق، لاغر با شب‌کلاه چرک و ریش بُزی و چشم‌های طمّاع جلو آمد؛ خندهٔ ساختگی کرد.

داش‌آکل به حالت پکر گفت: «جون جفت سبیل‌هایت یک بتر[1] خوبش را بده گلویمان را تازه بکنیم.»

ملّا اسحق سرش را تکان داد؛ از پلّکان زیرزمین پایین رفت و پس از چند دقیقه با یک بطری بالا آمد. داش آکل بطری را از دست او گرفت. گردن آن را به جرز دیوار زد؛ سرش پرید. آن وقت تا نصف آن را سر کشید. اشک در چشم‌هایش جمع شد. جلو سرفه‌اش را گرفت و با پشت دست، دهن خود را پاک کرد. پسر ملّا اسحق که بچهٔ زردنبوی کثیفی بود؛ با شکم بالاآمده و دهن باز و مُفی[2] که روی لبش آویزان بود؛ به داش‌آکل نگاه می‌کرد. داش‌آکل انگشتش را زد در نمکدانی که در طاقچهٔ حیاط بود و در دهنش گذاشت.

ملّا اسحق جلو آمد. روی دوش داش‌آکل زد و سرزبانی گفت: «مزّهٔ لوطی خاک است!»

بعد دست کرد زیر پارچهٔ لباس او و گفت: «این چیه که پوشیدی؟ این ارخلق حالا ورافتاده. هر وقت نخواستی؛ من خوب می‌خرم.»

داش‌آکل لبخند افسرده‌ای زد؛ از جیبش پولی درآورد؛ کف دست او گذاشت و از خانه بیرون آمد. تنگ غروب بود. تنش گرم و فکرش پریشان بود و سرش درد می‌کرد. کوچه‌ها هنوز در اثر باران بعدازظهر، نمناک و بوی کاه‌گل و بهارنارنج در هوا پیچیده بود. صورت مرجان، گونه‌های سرخ، چشم‌های سیاه و مژه‌های بلند با چتر زلف که روی پیشانی او ریخته

---

۱ - بطری؟

۲ - آب بینی

بود؛ محو و مرموز، جلو چشم داش‌آکل مجسّم شده بود. زندگی گذشتهٔ خود را به یاد آورد. یادگارهای پیشین از جلو او یک‌به‌یک رد می‌شدند. گردش‌هایی که با دوستانش سر قبر سعدی و باباکوهی کرده بود؛ به یاد آورد. گاهی لبخند می‌زد؛ زمانی اخم می‌کرد. ولی چیزی که برایش مسلّم بود؛ اینکه از خانهٔ خودش می‌ترسید. آن وضعیّت برایش تحمّل‌ناپذیر بود؛ مثل این بود که دلش کنده شده بود. می‌خواست برود و دور بشود. فکر کرد باز هم امشب عرق بخورد و با طوطی درددل بکند! سرتاسر زندگی برایش کوچک و پوچ و بی‌معنی شده بود. در این ضمن، شعری به یادش افتاد؛ از روی بی‌حوصلگی زمزمه کرد:

«به شب‌نشینی زندانیان برم حسرت
که نقل مجلسشان دانه‌های زنجیر است»

آهنگ دیگری به یاد آورد؛ کمی بلندتر خواند:

«دلم دیوانه شد، ای عاقلان، آرید زنجیری
که نبوَد چارهٔ دیوانه جز زنجیر تدبیری!»

این شعر را با لحن ناامیدی و غم و غصّه خواند؛ اما مثل اینکه حوصله‌اش سر رفت یا فکرش جای دیگر بود؛ خاموش شد.

هوا تاریک شده بود که داش‌آکل دم محلّه سردزک رسید. اینجا همان میدانگاهی بود که پیش‌تر وقتی دل‌ودماغ داشت؛ آنجا را قرق می‌کرد و هیچ‌کس جرئت نمی‌کرد؛ جلو بیاید. بدون اراده رفت روی سکّوی سنگیِ جلو در خانه‌ای نشست؛ چپقش را درآورد؛ چاق کرد. آهسته می‌کشید. به

نظرش آمد که اینجا نسبت به پیش خراب‌تر شده. مردم به چشم او عوض شده بودند؛ همان‌طوری که خود او شکسته و عوض شده بود. چشمش سیاهی می‌رفت؛ سرش درد می‌کرد؛ ناگهان سایهٔ تاریکی نمایان شد که از دور به‌سوی او می‌آمد و همین که نزدیک شد گفت: «لولولوطی لوطی را شه شب تار می‌شناسه.»

داش‌آکل کاکا رستم را شناخت. بلند شد؛ دستش را به کمرش زد؛ تف به زمین انداخت و گفت: «ارواح بابای بی‌غیرتت، تو گمان کردی که خیلی لوطی هستی؛ اما تو بمیری روی زمین سفت نشاشیدی!»

کاکا رستم خندهٔ تمسخرآمیز کرد؛ جلو آمد و گفت: «خ‌خ‌خیلی وقته دیگ‌دیگه این‌این‌طرف‌ها په‌په‌پیدات نیست!... اِاِمشب خاخانهٔ حاجی ع‌ع‌عقدکنان است؛ مگ توتو راراه نه‌نه...»

داش‌آکل حرفش را برید: «خدا تو را شناخت که نصف زبانت داد؛ آن نصف دیگرش را هم من امشب می‌گیرم.»

دست برد؛ قمهٔ خود را از غلاف بیرون کشید. کاکا رستم هم مثل رستم در حمّام، قمه‌اش را به دست گرفت. داش‌آکل سر قمه‌اش را به زمین کوبید؛ دست به سینه ایستاد و گفت: «حالا یک لوطی می‌خواهم که این قمه را از زمین بیرون بیاورد!»

کاکا رستم ناگهان به او حمله کرد؛ ولی داش‌آکل چنان به مچ دست او زد که قمه از دستش پرید. از صدای آنها دسته‌ای گذرنده به تماشا ایستادند؛ ولی کسی جرئت پیش آمدن یا میانجیگری را نداشت.

داش‌آکل با لبخند گفت: «برو، برو بردار؛ اما به شرط اینکه این‌دفعه غرس‌تر نگهداری، چون امشب می‌خواهم خرده‌حساب‌هایمان را پاک بکنم!»

کاکا رستم با مشت‌های گره کرده جلو آمد و هر دو به هم گلاویز شدند. تا نیم‌ساعت روی زمین می‌غلتیدند؛ عرق از سر و رویشان می‌ریخت؛ ولی پیروزی نصیب هیچ‌کدام نمی‌شد. در میان کشمکش سر داش‌آکل به‌سختی روی سنگ‌فرش خورد؛ نزدیک بود که از حال برود. کاکا رستم هم اگرچه به قصد جان می‌زد؛ ولی تاب مقاومتش تمام شده بود. امّا در همین وقت چشمش به قمهٔ داش‌آکل افتاد که در دسترس او واقع شده بود. با همهٔ زور و توانایی خودش آن را از زمین بیرون کشید و به پهلوی داش‌آکل فروبرد. چنان فروکرد که دست‌های هر دوشان از کار افتاد.

تماشاچیان جلو دویدند و داش‌آکل را به دشواری از زمین بلند کردند؛ چکّه‌های خون از پهلویش به زمین می‌ریخت. دستش را روی زخم گذاشت؛ چند قدم خودش را از کنار دیوار کشانید؛ دوباره به زمین خورد؛ بعد او را برداشته، روی دست به خانه‌اش بردند.

فردا صبح همین که خبر زخم خوردن داش‌آکل به خانهٔ حاجی صمد رسید؛ ولی‌خان پسر بزرگش به احوال‌پرسی او رفت. سر بالین داش‌آکل که رسید؛ دید او با رنگ پریده در رختخواب افتاده، کف خونین از دهنش بیرون آمده و چشم‌هایش تار شده، به دشواری نفس می‌کشید. داش‌آکل مثل اینکه در حالت اغما او را شناخت؛ با صدای نیم‌گرفتهٔ لرزان گفت: «در دنیا... همین طوطی... داشتم... جان شما... جان طوطی... او را بسپرید...به...»

دوباره خاموش شد؛ ولی‌خان دستمال ابریشمی را درآورد؛ اشک چشمش را پاک کرد. داش‌آکل از حال رفت و یک ساعت بعد مُرد.

همهٔ اهل شیراز برایش گریه کردند. ولی‌خان قفس طوطی را برداشت و به خانه برد. عصر همان روز بود؛ مرجان قفس طوطی را جلوش گذاشته بود و به رنگ‌آمیزی پر و بال، نوک برگشته و چشم‌های گرد بی‌حالت طوطی خیره شده بود. ناگاه طوطی با لحن داشی - با لحن خراشیده‌ای گفت: «مرجان... مرجان... تو مرا کشتی... به که بگویم.... مرجان... عشق تو... مرا کشت.»

اشک از چشم‌های مرجان سرازیر شد.

آینهٔ شکسته

اودت مثل گل‌های اول بهار تروتازه بود؛ با یک جفت چشم خمار به رنگ آسمان و زلف‌های بوری که همیشه یک دسته از آن روی گونه‌اش آویزان بود. ساعت‌های دراز با نیم‌رخ ظریف، رنگ‌پریده جلو پنجرهٔ اطاقش می‌نشست. پا روی پایش می‌انداخت؛ رمان می‌خواند؛ جورابش را وصله می‌زد و یا خامه‌دوزی می‌کرد؛ مخصوصاً وقتی‌که والِس «گریزری» را در ویلن می‌زد؛ قلب من از جا کنده می‌شد.

پنجرهٔ اطاق من روبه‌روی پنجرهٔ اطاق اودت بود؛ چقدر دقیقه‌ها، ساعت‌ها و شاید روزهای یکشنبه را من از پشت شیشهٔ پنجرهٔ اطاقم به او نگاه می‌کردم. به‌خصوص شب‌ها وقتی که جوراب‌هایش را درمی‌آورد و در رختخوابش می‌رفت!

به این ترتیب رابطهٔ مرموزی میان من و او تولید شد. اگر یک روز او را نمی‌دیدم؛ مثل این بود که چیزی گم کرده باشم. گاهی روزها از بس که به او نگاه می‌کردم؛ بلند می‌شد و لنگه در پنجره‌اش را می‌بست.

دو هفته بود که هر روز همدیگر را می‌دیدیم؛ ولی نگاه اودت سرد و بی‌اعتنا بود؛ بدون اینکه لبخند بزند و یا حرکتی از او ناشی بشود که تمایلش را نسبت به من آشکار بکند. اصلا صورت او جدی و تودار بود.

اول باری که با او روبه‌رو شدم؛ یک روز صبح بود که رفته بودم؛ در قهوه‌خانهٔ سر کوچه‌مان صبحانه بخورم. از آنجا که بیرون آمدم؛ اودت را دیدم؛ کیف ویلن دستش بود و به طرف مترو می‌رفت. من سلام کردم؛ او لبخند زد؛ بعد اجازه خواستم که آن کیف را همراهش ببرم. او در جواب سرش را تکان داد و گفت: «مرسی»، از همین یک کلمه آشنایی ما شروع شد.

از آن روز به بعد پنجرهٔ اطاقمان را که باز می‌کردیم؛ از دور با حرکت دست و به علم اشاره با هم حرف می‌زدیم. ولی همیشه منجر می‌شد؛ به اینکه برویم پایین در باغ لوگزامبورگ با هم ملاقات بکنیم و بعد به سینما یا تئاتر و یا کافه برویم یا به‌طور دیگر، چند ساعت وقت را بگذرانیم. اودت تنها در خانه بود؛ چون ناپدری و مادرش به مسافرت رفته بودند و او به مناسبت کارش در پاریس مانده بود.

او خیلی کم‌حرف بود؛ ولی اخلاق بچه‌ها را داشت؛ سمج و لجباز بود؛ گاهی مرا از جا درمی‌کرد. دو ماه بود که با هم رفیق شده بودیم. یک روز قرار گذاشتیم که شب را برویم به تماشای جشن جمعه‌بازار «نوییی». در این شب، اودت لباس آبی نوآش را پوشیده بود و خوشحال‌تر از همیشه به‌نظر می‌آمد. از رستوران که درآمدیم؛ تمام راه را در مترو برایم از زندگی خودش صحبت کرد. تا اینکه جلو لوناپارک از مترو درآمدیم.

گروه انبوهی در آمدوشد بودند؛ دو طرف خیابان، اسباب سرگرمی و تفریح چیده شده بود. بعضی‌ها معرکه گرفته بودند؛ تیراندازی، بخت‌آزمایی، شیرینی‌فروشی، سیرک، اتومبیل‌های کوچکی که با قوّهٔ برق به دور یک محور می‌گردیدند. بالن‌هایی که دور خود می‌چرخیدند؛ نشیمن‌های متحرّک و نمایش‌های گوناگون وجود داشت. صدای جیغ دخترها، صحبت، خنده، همهمهٔ صدای موتور و موزیک‌های مختلف در هم پیچیده بود.

ما تصمیم گرفتیم؛ سوار واگن زره‌پوش بشویم و آن نشیمن متحرّکی بود که به دور خودش می‌گشت و در موقع گردش، یک روپوش از پارچه روی آن را می‌گرفت و به شکل کرم سبزی درمی‌آمد. وقتی‌که خواستیم سوار بشویم؛ اودت دستکش‌ها و کیفش را به من داد تا در موقع تکان و حرکت از دستش نیفتد. ما تنگ پهلوی هم نشستیم؛ واگن به راه افتاد و روپوش سبز آهسته بلند شد و پنج دقیقه ما را از چشم تماشاکنندگان پنهان کرد.

روپوش واگن که عقب رفت؛ هنوز لب‌های ما به هم چسبیده بود؛ من اودت را می‌بوسیدم و او هم دفاعی نمی‌کرد. بعد پیاده شدیم و در راه برایم نقل می‌کرد که این دفعهٔ سوم است که به جشن جمعه‌بازار می‌آید؛ چون مادرش او را قدغن کرده بود. چندین جای دیگر به تماشا رفتیم؛ بالأخره نصف‌شب بود که خسته و مانده برگشتیم. ولی اودت از اینجا دل نمی‌کند. پای هر معرکه‌ای می‌ایستاد و من ناچار بودم که بایستم. دوسه بار بازوی او را به زور کشیدم؛ او هم خواهی نخواهی با من راه می‌افتاد تا اینکه پای معرکهٔ کسی ایستاد که تیغ ژیلت می‌فروخت؛ نطق می‌کرد و خوبی آن را عملا نشان

می‌داد و مردم را دعوت به خریدن می‌کرد. این دفعه از جا دررفتم، بازوی او را سخت کشیدم و گفتم: «اینکه دیگر مربوط به زن‌ها نیست.»

ولی او بازویش را کشید و گفت: «خودم می‌دانم. می‌خواهم تماشا بکنم.»

من هم بدون اینکه جوابش را بدهم؛ به طرف مترو رفتم. به خانه که برگشتم؛ کوچه خلوت و پنجرهٔ اطاق اودت خاموش بود. وارد اطاقم شدم؛ چراغ را روشن کردم؛ پنجره را باز کردم و چون خوابم نمی‌آمد؛ مدّتی کتاب خواندم. یک بعد از نصف شب بود؛ رفتم پنجره را ببندم و بخوابم. دیدم اودت آمده پایین پنجرهٔ اطاقش، پهلوی چراغ‌گاز در کوچه ایستاده. من از این حرکت او تعجّب کردم. پنجره را به تغیّر بستم. همین که آمدم لباسم را دربیاورم؛ ملتفت شدم که کیف منجق‌دوزی و دستکش‌های اودت در جیبم است و می‌دانستم که پول و کلید درِ خانه‌اش در کیفش است؛ آنها را به هم بستم و از پنجره پایین اندختم.

سه هفته گذشت و در تمام این مدّت من با او بی‌اعتنایی می‌کردم. پنجرهٔ اطاق او که باز می‌شد؛ من پنجرهٔ اطاقم را می‌بستم. در ضمن، برایم مسافرت به لندن پیش آمد. روز پیش از حرکتم به انگلیس، سر پیچ کوچه با اودت برخوردم که کیف ویلن، دستش بود و به طرف مترو می‌رفت. بعد از سلام و تعارف، من خبر مسافرتم را به او گفتم و از حرکت آن شب خودم نسبت به او عذرخواهی کردم. اودت با خونسردی کیف منجق‌دوزی خود را باز کرد و آینهٔ کوچکی که از میان شکسته بود؛ به دستم داد و گفت: «آن شب که کیفم را از پنجره پرت کردی؛ این‌طور شد. می‌دانی این بدبختی می‌آورد.»

من در جواب خندیدم و او را خرافات‌پرست خواندم و به او وعده دادم که پیش از حرکت، دوباره او را ببینم؛ ولی بدبختانه موفق نشدم.

تقریباً یک ماه بود که در لندن بودم. این کاغذ از اودت به من رسید:

«پاریس ۲۱ سپتامبر ۱۹۳۰»

«جمشید جانم»

«نمی‌دانی چقدر تنها هستم؛ این تنهایی مرا اذیت می‌کند. می‌خواهم امشب با تو چند کلمه صحبت بکنم. چون وقتی‌که به تو کاغذ می‌نویسم؛ مثل این است که با تو حرف می‌زنم. اگر در این کاغذ 'تو' می‌نویسم؛ مرا ببخش. اگر می‌دانستی درد روحی من تا چه اندازه زیاد است!

روزها چقدر دراز است. عقربک ساعت آن‌قدر آهسته و کُند حرکت می‌کند که نمی‌دانم؛ چه بکنم. آیا زمان به نظر تو هم این‌قدر طولانی است؟ شاید در آنجا با دختری آشنایی پیدا کرده باشی؛ اگرچه من مطمئنم که همیشه سرت توی کتاب است؛ همان‌طوری که در پاریس بودی؛ در آن اطاق محقر که هر دقیقه جلو چشم من است. حالا یک محصّل چینی آن را کرایه کرده؛ ولی من پشت شیشه‌هایم را پارچهٔ کلفت کشیده‌ام تا بیرون را نبینم؛ چون کسی را که دوست داشتم آنجا نیست؛ همان‌طوری که برگردان تصنیف می‌گوید: پرنده‌ای که به دیار دیگر رفت برنمی‌گردد.

دیروز با هلن در باغ لوگزامبورگ قدم می‌زدیم. نزدیک آن نیمکت سنگی که رسیدیم؛ یاد آن روز افتادم که روی همان نیمکت نشسته بودیم و تو از مملکت خودت صحبت می‌کردی و آن‌همه وعده می‌دادی و من هم

آن وعده‌ها را باور کردم و امروز اسباب دست و مسخرهٔ دوستانم شده‌ام و حرفم سر زبان‌ها افتاده! من همیشه به یاد تو والس «گریزری» را می‌زنم؛ عکسی که در بیشهٔ ونسن برداشتیم روی میزم است؛ وقتی عکست را نگاه می‌کنم؛ همان به من دلگرمی می‌دهد. با خودم می‌گویم: 'نه، این آدم مرا گول نمی‌زند!' ولی افسوس! نمی‌دانم تو هم معتقدی یا نه؛ اما از آن شبی که آینه‌ام شکست؛ همان آینه‌ای که تو خودت به من داده بودی؛ قلبم گواهی پیش‌آمد ناگواری را می‌داد. روز آخری که یکدیگر را دیدیم و گفتی که به انگلیس می‌روی؛ قلبم به من گفت که تو خیلی دور می‌روی و هرگز یکدیگر را نخواهیم دید و از آنچه که می‌ترسیدم؛ به سرم آمد. مادام بورل به من گفت: 'چرا آن‌قدر غمناکی؟' و می‌خواست مرا به بِرتانی ببرد؛ ولی من با او نرفتم؛ چون می‌دانستم که بیشتر کسل خواهم شد.

باری بگذریم؛ گذشته‌ها، گذشته. اگر به تو کاغذ تند نوشتم؛ از خلق‌تنگی بوده. مرا ببخش و اگر اسباب زحمت تو را فراهم آوردم؛ امیدوارم که فراموشم خواهی کرد. کاغذهایم را پاره و نابود خواهی کرد؛ همچنین نیست؛ ژیمی؟

اگر می‌دانستی در این ساعت چقدر درد و اندوهم زیاد است؛ از همه‌چیز بیزار شده‌ام؛ از کار روزانهٔ خودم سرخورده‌ام؛ درصورتی‌که پیش از این، این‌طور نبود. می‌دانی من دیگر نمی‌توانم؛ بیش از این بی‌تکلیف باشم؛ اگرچه اسباب نگرانی خیلی‌ها می‌شود. اما غصّهٔ همهٔ آنها به پایِ مال من نمی‌رسد. همان‌طوری که تصمیم گرفته‌ام؛ روز یکشنبه از پاریس خارج خواهم شد. ترن ساعت شش و سی‌وپنج دقیقه را می‌گیرم و به کاله می‌روم؛

آخرین شهری که تو از آنجا گذشتی. آن وقت آب آبی‌رنگ دریا را می‌بینم؛ این آب که همهٔ بدبختی‌ها را می‌شوید و هر لحظه رنگش عوض می‌شود و با زمزمه‌های غمناک و افسونگر خودش روی ساحل شنی می‌خورد؛ کف می‌کند؛ آن کف‌ها را شن‌ها مزمزه می‌کنند و فرومی‌دهند و بعد همین موج‌های دریا، آخرین افکار مرا با خودش خواهد برد. چون به کسی که مرگ لبخند بزند؛ با این لبخند او را به سوی خودش می‌کشاند. لابد می‌گویی که او چنین کاری را نمی‌کند؛ ولی خواهی دید که من دروغ نمی‌گویم.

بوسه‌های مرا از دور بپذیر.

اودت لاسور.»

دو کاغذ در جواب اودت نوشتم؛ ولی یکی از آنها بدون جواب ماند و دومی به آدرس خودم برگشت که رویش مُهر زده بودند: «برگشت به فرستنده».

سال بعد که به پاریس برگشتم؛ با شتاب هرچه تمام‌تر به کوچهٔ سن‌ژاک رفتم؛ همان‌جا که منزل قدیمیم بود. از اطاق من یک محصّل چینی، والس گریزری را به سوت می‌زد؛ ولی پنجرهٔ اطاق اودت بسته بود و به درِ خانه‌اش ورقه‌ای آویزان کرده بودند که روی آن نوشته بود: «خانهٔ اجاره‌ای».

طلب آمرزش

باد سوزانی که می‌وزید؛ خاک و شن داغ را مخلوط می‌کرد و به صورت مسافران می‌پاشید. آفتاب می‌سوزاند و می‌گداخت. آهنگ یکنواخت زنگ‌های آهنین و برنجی شنیده می‌شد که گام‌های شتران با آنها مرتب شده بود. گردن شترها لنگر برمی‌داشت؛ از پوزهٔ اخم‌آلود و لوچهٔ آویزان آنها پیدا بود که از سرنوشت خودشان ناراضی هستند.

کاروان خیلی آهسته در میان گردوغبار از میان راه خاک‌آلود خاکستری‌رنگ می‌گذشت و دور می‌شد.

چشم‌انداز اطراف بیابان، خاکستری رنگ و شن‌زار، بی‌آب و علف بود که تا چشم کار می‌کرد؛ روی هم موج می‌زد و بعضی جاها به شکل پشته‌های کوچک، دو طرف جاده ممتد می‌شد. فرسنگ‌ها می‌گذشت؛ بدون اینکه یک درخت خرما این منظره را تغییر بدهد؛ هرجا در چاله‌ای یک مشت آب گندیده بود؛ دور آن خانواده‌ای تشکیل شده بود. هوا می‌سوزاند؛ نفس آدم پس می‌رفت؛ مثل اینکه وارد دالان جهنم شده باشند.

سی‌وشش روز بود که کاروان راه می‌پیمود؛ دهن‌ها همه خشک، تن‌ها رنجور، جیب‌ها تهی، پول مسافران مانند برف جلو تابش آفتاب عربستان بخار می‌شد.

ولی امروز وقتی که سردستهٔ مُکاری‌ها[۱] روی «تپه سلام» رفت و از زوار انعام گرفت؛ گلدسته‌های طلایی نمایان گردید و همهٔ مسافران صلوات فرستادند؛ مثل این بود که جان تازه‌ای به کالبد رنجورشان دمیده شد.

خانم‌گلین و عزیزآقا با چادرهای عبایی بور خاک‌آلود از قزوین تا اینجا در کجاوه تکان می‌خوردند. هر روزی به نظرشان یک سال می‌آمد. عزیزآقا خُردوخمیر شده بود؛ اما با خودش می‌گفت: «خیلی خوب است؛ چون برای زیارت می‌روم.»

عرب پابرهنه‌ای با صورت سیاه و چشم‌های دریده و ریش کوسه، زنجیر کلفت آهنین در دست داشت و به ران زخم قاطر می‌زد؛ گاهی برمی‌گشت و صورت زن‌ها را یکی‌یکی برانداز می‌کرد.

مشدی رمضان‌علی که مرد آنها بود؛ با حسین‌آقا، ناپسری عزیزآقا در دو لنگه کجاوه نشسته بودند و با دقّت، پول‌هایش را می‌شمرد. خانم‌گلین رنگ‌پریده، پردهٔ میان کجاوهٔ خودشان را پس زد؛ سرش را تکان داد و به عزیزآقا که در لنگهٔ دیگر نشسته بود؛ گفت: «از دور که گلدسته را دیدم؛ روحم پرواز کرد. بیچاره شاباجی قسمتش نبود.»

---

۱ - کرایه‌دهندگان شتر.

عزیزآقا که با دست خال‌کوبیده، بادزن در دست، خودش را باد می‌زد؛ جواب داد: «خدا بیامرزدش؛ هرچه باشد ثواب‌کار بود. اما چطور شد که افلیج شد؟»

«با شوهرش دعوا کرد؛ طلاق و طلاق‌کشی شد. بعد هم ترشی پیاز خورد؛ صبح از نصف تنه‌اش افلیج شد. هرچه دوادرمان کردیم؛ خوب نشد. من با خودم آوردمش تا حضرت شفایش بدهد.»

«لابد تکان راه برایش خوب نبوده.»

«اما روحش رفت به بهشت. آخر زوّار همان‌وقت که نیّت می‌کند و راه می‌افتد؛ اگر بمیرد آمرزیده شده.»

«هر وقت این تابوت‌ها را می‌بینم؛ تنم می‌لرزد. نه، من می‌خواهم که توی حرم بروم؛ دم ضریح درددلم را با حضرت بکنم. بعد هم یک کفن برای خودم بخرم؛ آن وقت بمیرم.»

«دیشب من شاه‌باجی را خواب دیدم. دور از حالا، شما هم بودید. در باغ سبز بزرگی گردش می‌کردیم. یک سیّد نورانی با شال سبز، عبای سبز، عمامهٔ سبز، قبای سبز، نعلین سبز جلو ما آمد. گفت: خوش آمدید. صفا آوردید. بعد با انگشتش یک عمارت سبز بزرگ را نشان داد و گفت؛ بروید خستگی‌تان را دربکنید. آن‌وقت از خواب پریدم.»

«خوشا به سعادتش!»

قافله با جنجال می‌رفت و چاووش آن جلو می‌خواند:

«هرکه دارد هوس کرب‌وبلا بسم‌الله
هرکه دارد سرِ همراهی ما بسم‌الله»

دیگری جواب می‌داد:

«هرکه دارد هوس کرب‌وبلا خوش باشد
هرکه دارد سرِ همراهی ما خوش باشد»

باز اوّلی می‌خواند:

«چه کربلاست که آدم به هوش می‌آید
هنوز نالهٔ زینب به گوش می‌آید»

دوباره دومی جواب می‌داد:

«چه کربلاست، عزیزان خدا نصیب کند
خدا مرا به فدای شه غریب کند»

چاووش اوّلی بیرقش را به حرکت می‌آورد و به فریاد بلند می‌خواند:

«بریده باد زبانی، نگوید این کلمات!
که بر حبیب خدا ختم انبیا صلوات
به یازده پسران علی ابوطالب
به ماه عارض هریک جداجدا صلوات»

و در آخر هر شعر تمام زوّار دسته‌جمعی صلوات بلند می‌فرستادند.

گنبد طلایی باشکوهی با مناره‌های قشنگش پدیدار شد و گنبد آبی دیگری، قرینهٔ آن نمایان گردید که میان خانه‌های گلی مثل وصلهٔ ناجور

بود. نزدیک غروب بود که کاروان وارد خیابانی شد که دو طرفش دیوارهای خرابه و دکان‌های کوچک بود. در اینجا ازدحام مهیبی برپا شد؛ عرب‌های پاچه‌ورمالیده، صورت‌های احمق فینه به سر، قیافه‌های آب‌زیرکاه عمامه‌ای، با ریش‌ها و ناخن‌های حنابسته و سرهای تراشیده، تسبیح می‌گردانیدند و با نعلین و عبا و زیرشلواری قدم می‌زدند. زبان فارسی حرف می‌زدند یا ترکی بلغور می‌کردند یا عربی از بیخ گلو و از توی روده‌هایشان درمی‌آمد و در هوا غلغل می‌زد. زن‌های عرب با صورت‌های خال‌کوبیدهٔ چرک، چشم‌های واسوخته، حلقه از پرهٔ بینی‌شان گذرانده بودند. یکی از آنها پستان سیاهش را تا نصفه در دهن بچهٔ کثیفی که در بغلش بود؛ فروکرده بود.

این جمعیّت به انواع گوناگون جلب مشتری می‌کرد؛ یکی نوحه می‌خواند؛ یکی سینه می‌زد؛ یکی مهر و تسبیح و کفن متبرّک می‌فروخت؛ یکی جن می‌گرفت؛ یکی دعا می‌نوشت؛ یکی هم خانه کرایه می‌داد.

جهودهای قبا دراز از مسافران طلا و جواهر می‌خریدند. جلو قهوه‌خانه‌ای، عربی نشسته بود؛ انگشت در بینی‌اش کرده بود و با دست دیگرش، چرک لای انگشت‌های پایش را درمی‌آورد و صورتش از مگس پوشیده شده بود و شپش از سرش بالا می‌رفت.

کاروان که ایستاد؛ مشدی‌رمضان و حسین‌آقا جلو دویدند. کمک کردند؛ خانم‌گلین و عزیزآقا را از کجاوه پایین آوردند. جمعیّت زیادی به مسافران هجوم آورد. هر تکّه از چیزهایشان به دست یک نفر بود و آنها را به خانهٔ

خودشان دعوت می‌کردند؛ ولی در این میان، عزیزآقا گم شد. هرچه دنبالش گشتند؛ از هرکه پرسیدند؛ بی‌فایده بود.

بالأخره، بعد از آنکه خانم‌گلین و حسین‌آقا و مشدی‌رمضان یک اطاق کثیف گلی، از قرار شبی هفت روپیه کرایه کردند؛ دوباره به جستجوی عزیزآقا رفتند. تمام شهر را زیر پا کردند. از کفشدار و از زیارتنامه‌خوان‌ها یکی‌یکی سراغ عزیزآقا را به نام‌ونشانی گرفتند. اثری از او به دست نیامد. آخر وقت بود؛ صحن کمی خلوت شد. خانم‌گلین برای نهمین بار داخل حرم شد و دید که دسته‌ای زن و آخوند دور زنی گرد آمده‌اند که به قفل ضریح چسبیده آن را می‌بوسد و فریاد می‌زند:

«یا امام‌حسین‌جونم، به دادم برس! سرازیری قبر، روز پنجاه هزارسال، وقتی‌که همهٔ چشم‌ها می‌رود روی کاسهٔ سرهاشان، چه خاکی به سرم بریزم؟ به فریادم برس! به فریادم برس! توبه، توبه، غلط کردم؛ مرا ببخش!»

هرچه از او می‌پرسیدند مگر چه شده؛ جواب نمی‌داد. بالأخره پس از اصرار زیاد گفت: «من یک کاری کرده‌ام؛ می‌ترسم سیّدالشهدا مرا نبخشد.»

همین جمله را تکرار می‌کرد و سیل اشک از چشمانش سرازیر بود. خانم‌گلین صدای عزیزآقا را شناخت؛ جلو رفت. دست او را کشید برد در صحن و به کمک حسین‌آقا او را به خانه بردند؛ دورش جمع شدند. بعد از آنکه دو تا چایی شیرین به او دادند و یک قلیان برایش چاق کردند؛ عزیزآقا شرط کرد که حسین‌آقا از اطاق بیرون برود تا سرگذشت خودش را نقل بکند.

حسین‌آقا که از در بیرون رفت؛ عزیزآقا قلیان را جلو کشید و این‌جور شروع کرد:

«گلین‌خانم جونم، می‌دانی که وقتی من به خانهٔ گداعلی خدا بیامرز رفتم؛ سه سال ما همچنین زندگی کردیم که سکینه‌سلطان سرکوفت گداعلی را سر شوهرش می‌زد. گداعلی مرا می‌پرستید و روی سرش می‌گذاشت.

«ولی در این مدت من آبستن نشدم. برای همین بود که شوهرم حاشا ولله کشتیارم شد که من بچّه می‌خواهم. هر شب تنگِ دلم می‌نشست و می‌گفت: 'این بدبختی را چه بکنم؟ اجاقم کور است.' من هرچه دوا و درمان کردم؛ دعا گرفتم؛ آخرش بچّه‌ام نشد. تا اینکه یک شب گداعلی پیش من گریه کرد و گفت: 'اگر تو رضایت بدهی؛ یک صیغه می‌گیرم؛ برای اینکه خدمت خانه را بکند و بعد از آن که بچّه پیدا کردم طلاقش می‌دهم و تو بچّه را وجه فرزندی بزرگ می‌کنی.' من هم گول آن خدابیامرز را خوردم و گفتم: 'چه عیبی دارد! خودم این کار را به گردن می‌گیرم.'

«فردای همان روز چادر کردم؛ رفتم خدیجه دختر حسن ماستبند را که زشت و سیاه و آبله‌رو بود؛ برای شوهرم خواستگاری کردم. وقتی که خدیجه وارد خانه‌مان شد؛ سر تا پایش را ارزن می‌ریختی؛ پایین نمی‌آمد. اگر دماغش را می‌گرفتی؛ جونش درمی‌رفت. خوب، من خانم خانه بودم؛ خدیجه هم کار می‌کرد؛ دیزی بار می‌گذاشت. خانم، یک ماه نگذشت که آبی زیر پوستش رفت؛ استخوان ترکانید و شکمش گوشت نو بالا آورد. آن وقت زد و آبستن شد. خوب دیگر معلوم بود؛ خدیجه پیازش کونه کرد. شوهرم همهٔ حواسش

پیش او بود. اگر چلّهٔ زمستان آلبالو ویار می‌کرد؛ گداعلی از زیر سنگ هم شده بود؛ برایش می‌آورد. من شده بودم سیاه‌بخت و سیاه‌روز! هر شب که گداعلی خانه می‌آمد؛ دستمال هل و گل را اطاق خدیجه می‌برد و من هم از صدقهٔ سر او زندگی می‌کردم. خدیجه، دختر حسن‌ماستبند که وقتی وارد خانهٔ ما شد؛ یک لنگه کفشش نوحه می‌خواند و یکیش سینه می‌زد؛ حالا به من تکبّر می‌فروخت. آن‌وقت پشت دستم زدم و فهمیدم که عجب غلطی کرده‌ام.

«خانم، نُه ماه من دندان روی جگر گذاشتم و جلو در و همسایه با سیلی روی خودم را سرخ نگه می‌داشتم؛ اما روزها که شوهرم خانه نبود؛ خدیجه را خوب می‌چزاندم. خاک برایش خبر نبرد؛ پیش شوهرم به او بهتان می‌زدم؛ می‌گفتم: 'سر پیری عاشق چشم وزغ شدی! تو اصلا بچّه‌ات نمی‌شود. این تخم مول[۱] است. خدیجه از مشدی تقی قاشق‌تراش آبستن است.' خدیجه هم برای من انگشت توی شیر می‌زد و پیش گداعلی برایم مایه می‌گرفت. چه دردسرتان بدهم؟ هر روز خانه‌مان الم‌شنگه‌ای به پا بود که نگو و نشنو. همهٔ همسایه‌ها از دست دادوبیداد ما به عذاب آمده بودند. من دلم مثل سیر و سرکه می‌جوشید که مبادا بچّه پسر باشد. رفتم سر کتاب باز کردم؛ جادو و جنبل کردم. خدا به دور، انگاری که خدیجه گوشت خوک خورده بود؛ جادو بهش کارگر نمی‌شد. روزبه‌روز گنده‌تر می‌شد تا اینکه سر نه ماه و نه روز و نه ساعت و نه دقیقه خدیجه‌خانم زایید. آن هم چه؟ یک پسر.

---

۱ - نوعی ناسزا به معنی حرام زاده.

«خانم، من تو خانهٔ شوهرم شدم سکّهٔ یک پول! نمی‌دانم خدیجه مهرهٔ مار با خودش داشت یا چیز به خورد گداعلی داده بود. خانم جون، قربانتان همین زنیکهٔ شرنده را که خودم رفتم از محلهٔ پنبه‌ریسه آوردم؛ دندانم را شمرده بود. روبه‌روی شوهرم به من گفت: 'عزیزآقا، بی‌زحمت من دستم نمی‌رسد؛ کهنه‌های بچّه را بشورید.'

«این را که گفت؛ من آتشی شدم. روبه‌روی گداعلی هرچه از دهنم درآمد به خودش و بچّه‌اش گفتم. به گداعلی گفتم مرا طلاق بده؛ اما آن خدابیامرز دست‌های مرا ماچ می‌کرد؛ می‌گفت: 'چرا اینجور می‌کنی؟ می‌ترسم شیر اعراض دهن بچّه بگذارد. تو همین‌قدر بگذار بچّه راه بیفتد؛ آن وقت خدیجه را طلاق می‌دهم.'

«اما دیگر از زور خیالات، خواب‌وخوراک نداشتم تا اینکه، خدایا توبه، برای اینکه دل خدیجه را بسوزانم؛ یک روز همین که رفت حمّام و خانه خلوت شد؛ من هم رفتم سر گهواره بچّه، سنجاق زیر گلویم را کشیدم؛ رویم را برگردانیدم و سنجاق را تا بیخ توی ملاج بچّه فروکردم. بعد هولکی از اطاق بیرون دویدم. خانم، این بچّه دو شب و دو روز زبان به دهن نگرفت. هر فریادی که می‌زد؛ بند دلم پاره می‌شد. هرچه برایش دعا گرفتند و دوا و درمان کردند؛ بی‌خود بود. روز دوم، عصر مُرد.

«خوب، پیدا بود؛ خدیجه و شوهرم برای بچّه گریه کردند؛ غصّه خوردند؛ اما من مثل این بود که روی جگرم آب خنک ریختند. با خودم گفتم اقلّا حسرت پسر به دلشان ماند! دو ماه از این گذشت؛ دوباره خدیجه آبستن

شد. این‌دفعه نمی‌دانستم چه خاکی به سرم کنم. خانم، به همان شازده حسین قسم که از زور غصّه دو ماه بی‌هوش و بی‌گوش، ناخوش بستری شدم. سر نُه ماه، خدیجه یک پسر دیگر ترکمون زد و دوباره عزیز نازنین شد. گداعلی برای بچّه، جانش درمی‌رفت. خدا به قوم موسی دستغاله داده بود؛ به او هم یک پسر کاکل‌زری! دو روز خانه نشست و بچّه قنداقی را مثال دسته هونگ جلوش گذاشته بود و تماشا می‌کرد.

«باز هم همان آش و همان کاسه! خانم، این دست خودم نبود؛ نمی‌توانستم هوو و بچّه‌اش را ببینم. یک روز خدیجه دستش بند بود؛ ایز گم کردم[۱]؛ باز سنجاق زیر گلویم را کشیدم و توی ملاج بچه فروکردم. این بچّه هم بعد از یک روز مُرد. معلوم بود؛ باز شیون و واویلا راه افتاد. این‌دفعه نمی‌دانید چه حالی بودم؛ از یک طرف قند توی دلم آب کرده بودند که داغ پسر را به دل خدیجه گذاشتم.

«از طرف دیگر فکر می‌کردم که تا حالا دو تا خون کرده‌ام. برای بچّه زبان گرفته بودم؛ تو سرم می‌زدم؛ گریه می‌کردم؛ آن‌قدر گریه کردم که خدیجه و گداعلی دلشان به حال من سوخت و تعجّب کرده بودند که من چقدر بچّهٔ هوو را دوست داشته‌ام. امّا این گریه‌ها برای خاطر بچّه نبود؛ برای خودم بود، برای روز قیامت، فشار قبر. همان شب شوهرم به من گفت: 'پس قسمت نبوده که من بچّه‌دار بشوم. می‌بینی که بچّه‌هایم پا نمی‌گیرند و می‌میرند.'

---

۱ - ایز گم کردن: رد گم کردن.

«سر چلّه نکشید که باز هم خدیجه آبستن شد و شوهرم برای اینکه بچّه‌اش بماند؛ نذر و نیازی نبود که نکرد. نذر کرد اگر بچّه دختر شد؛ او را به سادات بدهد و اگر پسر شد؛ اسمش را حسین بگذارد و موهای سرش را تا هفت سال نچینند. بعد به وزن آن طلا بگیرد و با بچّه برود کربلا. سر هشت ماه و ده روز، خدیجه پسر سومی را زایید؛ اما این دفعه مثل چیزی که به دلش اثر کرده بود؛ آنی از بچّه منفک نمی‌شد. من هم دودل بودم که آیا سومی را هم بکشم یا اینکه کاری بکنم که گداعلی خدیجه را طلاق بدهد. امّا همهٔ اینها خیالات خام بود. خدیجه، باز کیابیای خانه و کدبانو شده بود. با دمش گردو می‌شکست و هر دم توی دلم واسرنگ می‌رفت. به من فرمان می‌داد و بالای حرفش هم حرفی نبود تا اینکه بچّه، چهار ماهش تمام شد.

«هر شب و هر روز استخاره می‌کردم که بچّه را بکشم یا نکشم. تا اینکه یک شب با خدیجه دعوای سختی کردم و با خودم عهد کردم که سر حسین‌آقا را زیر آب بکنم. دو روز کشیک کشیدم؛ روز دوم بود؛ خدیجه رفت از عطّاری سر کوچه گل بنفشه بخرد. من دویدم توی اطاق، بچه را که خواب بود از توی ننو برداشتم؛ سنجاق را از زیر گلویم کشیدم؛ اما همین‌که آمدم سنجاق را توی پیشانیش فروبکنم؛ بچّه از خواب پرید و عوض اینکه گریه بکند؛ تو رویم خندید. خانم، نمی‌دانید چه حالی شدم. دستم بی‌اختیار پایین افتاد. دلم نیامد؛ خوب، هرچه باشد راست‌راستی دلم از سنگ که نبود. بچّه را سر جایش گذاشتم و از اطاق بیرون دویدم؛ آن وقت با خودم گفتم: ‘خوب، تقصیر بچّه چیست؟ دود از کنده بلند می‌شود. باید مادرش را نفله بکنم تا آسوده بشوم.‘

«خانم، حالا که برای شما می‌گویم تنم می‌لرزد. امّا چه بکنم؟ همه‌اش به گردن شوهر آتش به جان‌گرفته‌ام بود که مرا دست‌نشاندهٔ یک دختر ماست‌بند کرد. خدایا خاک برایش خبر نبرد!

«از کرک گیس خدیجه دزدیدم؛ بردم برای ملّا ابراهیم جهود که توی محلّهٔ راه‌چمان بنام بود؛ برایش جادو کردم؛ نعل توی آتش گذاشتم؛ ملّا ابراهیم سه تومان از من گرفت که او را دنبه‌گداز بکند. به من قول داد که سر هفته نمی‌کِشد که خدیجه می‌میرد. اما نشان به آن نشانی که یک ماه گذشت؛ خدیجه مثل کوه احد روزبه‌روز گنده‌تر می‌شد! خانم، من اعتقادم از جادو و جنبل و این‌جور چیزها هم سست شد.

«یک ماه بعد، اوّل زمستان بود که گداعلی سخت ناخوش شد؛ به‌طوری‌که دو مرتبه وصیّت کرد و سه بار تربت حلقش کردیم. یک شب که حال گداعلی خیلی به هم خورده بود؛ من رفتم بازار از عطّاری داراشکنه[۱] خریدم؛ آوردم خانه، ریختم توی دیزی آبگوشت، خوب به هم زدم و سربار گذاشتم. برای خودم حاضری خریده بودم؛ آن را دزدکی خوردم؛ سیر که شدم؛ رفتم اطاق گداعلی. دومرتبه خدیجه به من گفت که دیروقت است؛ برویم شام بخوریم. امّا من جوابش دادم که سرم درد می‌کند. امشب میل ندارم؛ سر دلم خالی باشد بهتر است.

«خانم، خدیجه شام اوّل و آخری را خورد و خوابید. من رفتم پشت در، گوش ایستادم؛ صدای ناله‌اش را می‌شنیدم. امّا چون هوا سرد بود و درها بسته بود؛

---

۱ - سم کشنده.

صدایش بیرون نمی‌آمد. تمام شب را من به بهانهٔ پرستاری پیش گداعلی ماندم. نزدیک صبح بود؛ دوباره ترسان و لرزان رفتم از پشت در گوش دادم؛ صدای گریهٔ بچّه می‌آمد. اما جرئت نکردم در را باز بکنم. برگشتم پیش گداعلی. خانم، نمی‌دانید چه حالی بودم!

«صبح که همه بیدار شدند؛ رفتم در اطاق خدیجه را باز کردم؛ دیدم خدیجه مثل ذغال سیاه شده، مُرده و از بس که تقلّا کرده بود؛ لحاف و دشک هرکدام یک طرف افتاده بود. من او را روی دشک کشانیدم؛ لحاف را رویش انداختم؛ بچّه گریه و ناله می‌کرد. از اطاق بیرون آمدم؛ رفتم دم حوض، دستم را آب کشیدم. بعد گریه‌کنان و توسرزنان خبر مرگ خدیجه را برای گداعلی بردم.

«هرکه از من می‌پرسید که خدیجه از چه مرد؛ می‌گفتم: 'چند وقت بود که برای آبستنی دوا و درمان می‌کرد؛ وانگهی زیاد چاق شده بود؛ شاید سکته کرد.' کسی هم به من شک نیاورد؛ امّا من خودم را می‌خوردم؛ با خودم می‌گفتم: 'آیا این من هستم که سه تا خون کرده‌ام؟' از صورت خودم که در آینه می‌دیدم؛ می‌ترسیدم. زندگی به من حرام شده بود؛ روضه می‌رفتم؛ گریه می‌کردم؛ به فقیرفقرا پول می‌دادم؛ اما دلم آرام نمی‌گرفت.

«یاد روز قیامت، فشار قبر و نکیر و منکر که می‌افتادم؛ خدا می‌داند چه حال می‌شدم. آن وقت به خیالم رسید که بروم در کربلا مجاور بشوم و چون گداعلی نذر پسرش کرده بود که با او برویم به کربلا بی‌میل نبود که برویم؛ اما همیشه بهانه می‌تراشید؛ این‌دست آن‌دست می‌کرد؛ می‌گفت: 'سال

بعد می‌رویم به مشهد؛ چون آن صفحات ناخوشی آمده است[۱] و همین‌طور پشت گوش می‌انداخت تا اینکه او هم عمرش را داد به شما.

«امسال من کلاهم را قاضی کردم؛ همهٔ دارایی گداعلی را فروختم؛ پول نقد کردم؛ چون خودش وصیّت کرده بود. و این بود که وقت حرکت شما و مشدی رمضان‌علی را نشانی دادند و از قزوین با هم حرکت کردیم و این جوانی که با من است و مرا ننهٔ خودش می‌داند؛ همان حسین‌آقا پسر خدیجه است. گفتم از اطاق بیرون برود تا حکایتم را نشنود.»

همه مات به سرگذشت عزیزآقا گوش می‌دادند. بعد اشک در چشمش پر شد و گفت:

«حالا نمی‌دانم خدا از تقصیرم می‌گذرد یا نه، روز قیامت حضرت شفاعتم را می‌کند یا نه؟ خانم، چندین و چند سال است که من این آرزو را داشتم تا درددلم را به کسی بگویم؛ حالا که گفتم انگاری که آب روی آتش ریختند؛ اما روز قیامت...»

مشدی رمضان‌علی خاکستر ته چپقش را تکان داد و گفت:

«خدا پدرت را بیامرزد؛ پس ما برای چه اینجا آمده‌ایم؟ سه سال پیش من در راه خراسان سورچی بودم. دو نفر مسافر پولدار داشتم؛ میان راه کالسکهٔ چاپاری شکست. یکی از آنها مُرد؛ آن یکی دیگر را هم خودم خفه کردم و هزاروپانصد تومان از جیبش درآوردم. چون پا به سن گذاشته‌ام؛ امسال به خیال افتادم که آن پول حرام بوده؛ آمدم به کربلا آن را تطهیر بکنم. همین

امروز آن را بخشیدم به یکی از علما، هزار تومانش را به من حلال کرد. دو ساعت بیشتر طول نکشید؛ حالا این پول از شیر مادر به من حلال‌تر است.»

خانم‌گلین قلیان را از دست عزیزآقا گرفت؛ دود غلیظی از آن درآورد و بعد از کمی سکوت گفت:

«همین شاه‌باجی‌خانم که همراه ما بود؛ من می‌دانستم که تکان راه برایش بد است. استخاره هم کرده بودم؛ بد آمده بود. اما با وجود این آوردمش. می‌دانید این ناخواهری من بود؛ شوهرش عاشق من شد؛ مرا هوو برد سر شاه‌باجی. من از بس که توی خانه به او هول و تکان دادم؛ افلیج شد. بعد هم در راه او را کشتم تا ارث پدرم به او نرسد!»

عزیزآقا از شادی اشک می‌ریخت و می‌خندید؛ بعد گفت:

«پس... پس شما هم...»

خانم‌گلین همین‌طور که پک به قلیان می‌زد گفت:

«مگر پای منبر نشیندی. زوّار همان وقت که نیّت می‌کند و راه می‌افتد؛ اگر گناهش به اندازهٔ برگ درخت هم باشد؛ طیّب و طاهر می‌شود.»

لاله

از صبح زود ابرها جابه‌جا می‌شدند و باد موذی سردی می‌وزید. پایین درخت‌ها پر از برگ مرده بود؛ برگ‌های نیمه‌جانی که فاصله به فاصله در هوا چرخ می‌زدند؛ به زمین می‌افتادند. یک دسته کلاغ با همهمه و جنجال به سوی مقصد نامعلومی می‌رفت. خانه‌های دهاتی از دور مثل قوطی کبریت که روی هم چیده باشند با پنجره‌های سیاه و بدون در، دمدمی و موقّتی به نظر می‌آمدند.

خداداد با ریش و سبیل خاکستری، چالاک و زنده‌دل، گام‌های محکم برمی‌داشت و نیروی تازه‌ای در رگ و پی پیرش حس می‌کرد. نگاه او ظاهراً روی جادهٔ نمناک و دورنمای جلگه ممتد می‌شد. باد پوست تن او را نوازش می‌کرد. درخت‌ها به نظر او می‌رقصیدند. کلاغ‌ها برایش پیام شادی می‌آوردند و همهٔ طبیعت به نظر او خرّم و خوش‌رو می‌آمد. بغچهٔ قلمکاری زیر بغل داشت که به خودش چسبانیده بود. چشم‌هایش می‌درخشید و هر گامی که برمی‌داشت؛ ساق پای ورزیدهٔ او از زیر شلوار گشاد سیاهش پیدا می‌شد. رخت او آبی آسمانی و کلاهش نمدی زرد بود.

خداداد مردی شصت‌ساله بود. استخوان‌بندی درشتی داشت. بلند اندام بود و چشم‌های درخشان داشت. تقریباً بیست سال بود که اهالی دماوند او را ندیده بودند؛ چون گوشه‌نشینی اختیار کرده بود. بالای چشمهٔ علا سر راه جادهٔ مازندران، خداداد برای خودش یک آلونک از سنگ و گل ساخته بود. بیست سال بود که تک‌وتنها، زندگی تارک دنیایی می‌کرد. با دست‌های زمخت خودش زمین را بیل می‌زد؛ آبیاری می‌کرد و کشت و درو می‌نمود. همان کاری که پدرش و شاید پشت‌درپشت او می‌کردند. هشتاد من زمین[۱] به او ارث رسیده بود که در سال قحطی، نصف بیشتر آن را فروخت؛ یعنی با آرد تاخت زد. و حالا با همان تکّه‌ای که برایش مانده بود از حاصل کوچک آن، زندگی خودش را می‌گذرانید.

چیزی که اسباب تعجّب همه شده بود؛ این بود که در دو سه سال اخیر، خداداد در آبادی‌ها و اغلب در بازار دماوند دیده می‌شد که پارچهٔ زنانه، قند و چای و خرده‌ریز می‌خرید. گاهی هم در کوه‌های اطراف در آب‌گرم، جابُن و گیلیارد او را با یک دخترک کولی دیده بودند.

چهار سال پیش، یک شب سرد از آن سرماها که با چنگال آهنین خودش صورت انسان را می‌خراشید؛ خداداد همین که چراغ را فوت کرد و در رختخواب رفت؛ صدای غریبی شنید؛ ناله‌های بریده بریده که معلوم نبود صدای جانور است یا آدمیزاد. صدا پیوسته نزدیک می‌شد؛ تا اینکه درِ کلبهٔ او را زدند. خداداد که نه از غول و نه از گرگ می‌ترسید؛ بلند شد؛ نشست

۱- هشتاد من بذرافشان.

و حس کرد که یک چکّه عرق سرد روی تیرهٔ پشتش[1] لغزید. هرچه پرسید که هستی و چه کار داری؛ کسی جواب نمی‌داد و هنگامی که می‌خوابید؛ دوباره در می‌زدند. با دست لرزان چراغ را روشن کرد؛ کارد بزرگی که برای شکستن چوب و چلیکه به دیوار آویخته بود؛ برداشت و در را یک‌مرتبه باز کرد. تعجّب او بیشتر شد؛ وقتی که دختر کولی کوچکی را با لباس سرخ دید که دم در، اشک روی گونه‌هایش یخ زده و می‌لرزید. خداداد کارد را گوشهٔ اطاق پرت کرد. دست دختربچه را گرفت؛ داخل اطاق کرد. دم آتش او را گرم کرد و بعد با رخت‌های کهنهٔ خودش رختخواب برای او درست کرد.

فردا صبح هرچه از او پرسش کرد؛ بی‌نتیجه بود. مثل اینکه بچّه قسم خورده بود؛ راجع به خودش هیچ نگوید. به همین مناسبت خداداد اسم او را «لال» یا «لالو» گذاشت و کم‌کم «لاله» شد. چیزی که غریب بود؛ حالا موسم ییلاق و قشلاق کولی‌ها نبود و خداداد نمی‌دانست؛ در میان زمین و آسمان این دختر از کجا آمده بود. از آلونکش بیرون رفت و ردّ پای بچه را گرفت؛ ولی ردّ پای او روی برگ‌ها نم کشیده گم می‌شد. از آسیابان چشمه علا پرسید؛ او هم جواب منفی داد. بالأخره تصمیم گرفت؛ بچّه را نگهدارد تا صاحبش پیدا بشود.

لاله دختربچّهٔ دوازده‌سالهٔ گندمگون بود. صورتی بانمک و چشم‌های گیرنده داشت. روی دست و میان پیشانی او را خال آبی کوبیده بودند. در

---

۱ - ستون فقرات

مدت چهار سال که لاله در آلونک خداداد به سر برد؛ هرچه خداداد جویای خویشان او شد؛ هیچ‌کس از کولی‌ها او را نمی‌شناختند.

بعد هم دیگر خداداد مایل نبود که لاله را از دست بدهد! او را وجه فرزندی خودش برداشت و کم‌کم علاقهٔ مخصوصی نسبت به او پیدا کرد. نه دلبستگی پدر و فرزندی، اما مثل علاقه زن و مرد او را دوست می‌داشت.

همان‌وقت که وسوسهٔ عشق به سرش زد؛ میان اطاق را بند کشید و با یک پرده آن را جدا کرد تا خوابگاهشان از هم مجزّا باشد. چیزی که از همه بدتر بود؛ لاله به خداداد بابا خطاب می‌کرد و هر دفعه که به او بابا می‌گفت؛ حالش دگرگون می‌شد. یک روز که خداداد وارد خانه‌اش شد؛ دید دو تا مرغ کاکلی در نزدیکی آلونکش راه می‌روند. هرچه خداداد به لاله نصیحت می‌کرد که دزدی بد است؛ به آتش دوزخ می‌سوزی؛ لبخند شیطانی روی لب‌های او نمودار می‌شد و به بهانه‌ای از این‌گونه مباحثات شانه خالی می‌کرد.

لاله میل زیادی به گردش داشت. اگر دو سه روز پشت هم باران می‌آمد و مجبور می‌شد در آلونک بماند؛ خاموش و غمگین می‌گردید؛ ولی روزهایی که هوا خوب بود؛ با خداداد و یا تنها به گردش می‌رفت. اغلب تنها می‌رفت و همین اسباب بدگمانی خداداد نسبت به او شد. چه دو سه بار عباس چوپان را با لاله دیده بود و او را رقیب خودش می‌دانست.

حتی یک روز هم آنها را دید که عباس تمشک می‌چید و به دهن لاله می‌گذاشت. همان شب به لاله توپید که نباید با مرد غریبه حرف بزند.

اشک در چشم‌های لاله جمع شد و قلب دهاتی او را متأثر کرد. ننهٔ عباس دو بار به خواستگاری لاله برای پسرش آمده بود؛ ولی هر دفعه خداداد بهانه آورد که لاله هنوز بچّه است و پیش خودش این‌طور دلیل می‌آورد که این عباس تنبل، وارث او خواهد شد و دارایی‌ای که در مدّت پنجاه سال گرد آورده به او تعلّق خواهد گرفت. آن وقت روح نیاکانش چه به او می‌گفتند که به جای وارث، یک نفر بی‌سروپا را اختیار کرده که نمی‌تواند؛ زمین را بکارد. از این گذشته، دختری که او در آلونک خودش پناه داده، غذا داده، لباس پوشانیده، به پاش زحمت کشیده و بزرگ کرده بود؛ برایش حکم یک درخت میوه را داشت که او پرورانیده و به عرصه رسانیده و یک نفر بیگانه میوهٔ آن را بچیند؛ آیا سیب سرخ برای دست چلاق بد است؟ نمی‌تواند لاله را خودش بگیرد؟ چرا که نه؟ ولی او حس می‌کرد که موضوع به این سادگی نبود و رضایت دختر هم شرط بود و بعد هم این عادت بدی که دختر داشت و او را پدر خودش می‌نامید؛ بیشتر او را ناامید می‌کرد. شب‌ها اغلب وقتی که دختر می‌خوابید؛ چراغ را بالا می‌گرفت؛ صورت، سینه، پستان و بازوهای او را مدّت‌ها تماشا می‌کرد. بعد مانند دیوانه می‌رفت بیرون، در کوه‌وکمر و خیلی دیر به خانه برمی‌گشت. زندگی او میان بیم و امید می‌گذشت و ترس مانع می‌شد که به او عشق خودش را ابراز بکند. اگر لاله می‌گفت: «نه. تو پیری.» او دیگر چاره‌ای نداشت؛ مگر اینکه خودش را بکشد.

یک تخته‌سنگ بزرگ نزدیک آلونک خداداد بود که لاله اغلب روی آن می‌نشست و ماهیچه‌های ورزیدهٔ پاهای لختش را به آن می‌چسبانید و مدّت‌ها به همان حالت می‌ماند؛ بدون اینکه خسته بشود و گاهی زیر

لب با خودش آواز غم‌انگیزی را زمزمه می‌کرد؛ ولی به محض اینکه کسی نزدیک او می‌آمد؛ ناگهان خاموش می‌شد. خداداد به‌طور تصادف این آواز را شنیده بود و خیلی میل داشت که دوباره بشنود.

امروز صبح وقتی که خداداد می‌خواست برود به شهر دماوند، لاله روی همین تخته‌سنگ نشسته بود؛ ولی از هر روز خوشحال‌تر بود. برخلاف معمول نخواست که دنبال خداداد به شهر برود. خداداد به او گفت: «برایت یک لچک سرخ می‌خرم.»

لبخند بچّگانه و خوشبخت او را دید که یک دنیا برای خداداد ارزش داشت و هنگامی که وارد بازار کوچک دماوند شد؛ اوّل رفت دم دکان بزّازی و یک دانه لچک سرخ با گل‌وبتّهٔ سبز و زرد خرید. بعد قند و چایی گرفت؛ آنها را در بغچهٔ قلمکار پیچید و با گام‌های بلند به سوی کلبهٔ خودش روانه شد. برای خداداد که آمخته به پیاده‌روی بود؛ اگرچه شهر تا خانه‌اش دو فرسنگ فاصله داشت؛ بیش از یک میدان به نظرش نمی‌آمد. با وجود پیری و شکستگی، حالا زندگی او مقصد و معنی پیدا کرده بود. در بین راه با خودش فکر می‌کرد: «این لچک برازندهٔ روی دوش لاله است که روی شانه‌اش بیندازد و سر آن را زیر پستان‌هایش گره بزند.» بعد مثل اینکه احساس شرم در او پیدا می‌شد؛ با خودش می‌گفت: «من باید به خوشگلی او بنازم. چون به جای پدرش هستم و یک شوهر خوب برایش پیدا می‌کنم!» ولی فکر اینکه عباس چوپان او را دوست دارد؛ تمام خون را در سرش جمع می‌کرد.

از راه‌های پست و بلند، از کنار درّه، کوه و جلگه می‌گذشت. در راه کسی را نمی‌دید؛ چیزی را حس نمی‌کرد. حتی خستگی راه در او تأثیر نداشت. پیش‌تر گاهی که به آبادی‌های اطراف گذارش می‌افتاد؛ همه‌اش آسمان را نگاه می‌کرد تا ببیند بارش می‌آید یا نه، به زمین نگاه می‌کرد تا حاصل مردم را دید بزند؛ از قیمت جو، گندم، لوبیا، قیسی، سیب، گیلاس، زردآلو و غیره استفسار می‌کرد. اما حالا فکر دیگری به‌جز لاله نداشت. زمین او امسال حاصلش خوب نبود و ناگزیر شد تا مقداری از پس‌انداز خودش خرج بکند؛ ولی این‌ها در نظرش به یک موی لاله نمی‌ارزید. در این بین از کنار درخت‌ها گذشت و در جادهٔ دیگر افتاد که در بلندی مقابل آن، آلونک او مثل دو تا قوطی کبریت شکسته که بغل هم گذاشته باشند؛ نمایان گردید. قدم‌هایش را تند کرد؛ دست‌بغچه را به خودش فشرد و راهی را که خوب می‌شناخت؛ پیموده از سربالایی دیگر گذشت؛ یک پیچ خورد و جلو آلونک خودش سر درآورد. ولی لاله آنجا نبود. نه روی تخته‌سنگ و نه در اطاق. آمد دم در، دستش را گذاشت کنار دهنش، فریاد زد: «لاله... لاله...!» کسی جواب نداد. بیرون رفت و باز با تمام قوّت ریهٔ خودش فریاد زد: «لاله... لاله... لالو... لالو...» انعکاس صدایش به او جواب داد: «لاله... لالو...» ترس و واهمهٔ مهیبی به او دست داد. دوید بالای تخته‌سنگ، جلو آلونکش، اطراف را نگاه کرد. اثری از لباس سرخ او ندید. برگشت در اطاق دقت کرد. مجری لاله را باز کرد؛ دید لباس‌های نوی که امسال برای او گرفته بود؛ در آنجا نبود. می‌خواست دیوانه بشود. از این قضایا سردرنمی‌آورد. دوباره بیرون آمد؛ در چشمه علا برخورد به آخوند ده که با لبّادهٔ دراز و

کلاه آبی ترک‌ترک و شال و شلوار سیاه و قبای سه‌چاک پای درخت چپق می‌کشید. چنان نگاه زهرآلودی به خداداد انداخت که جرئت نکرد؛ از او چیزی بپرسد. کمی دورتر زنی را با چادر سرخ، شلوار سیاه و گیس بافته دید که بچّه‌اش را به پشتش بسته بود. او هم نتوانست نشانی از لاله به خداداد بدهد. خداداد ناچار برگشت.

تاریکی شب همه‌جا را فراگرفت؛ ولی لاله نیامد. چه خواب‌های بدی که خداداد دید! نه، اصلا خواب به چشمش نیامد؛ کابوس بود؛ به کوچکترین صدا بلند می‌شد؛ به خیالش که او آمده، بیشتر از ده مرتبه بلند شد؛ پرده را پس می‌زد؛ کورکورانه رختخواب سرد لاله را دست می‌کشید؛ می‌لرزید و سر جایش می‌افتاد. آیا کسی به زور او را برده؟ آیا گولش زده‌اند یا خودش رفته؟

فردا صبح هوا صاف و سرد بود؛ خداداد لچکی را که خریده بود؛ برداشت و به جستجوی لاله رفت. در راه همهٔ مردم به نظر او دیو و اژدها می‌آمدند. کوه‌های آبی و خاکستری که تا کمر آنها برف بود؛ مثل این بود که او را می‌ترسانید؛ بوی پونهٔ کنار جوی او را خفه می‌کرد؛ در بین راه برخورد به دو نفر دهاتی. از آنها هراسان پرسید: «شماها لاله را ندیدید؟»

اوّل به خیالشان دیوانه شده و از هم پرسیدند:

«کی؟»

«یک دختر کولی.»

یکی از آنها گفت:

«دو روز است که یک دسته از کولی‌ها آمده‌اند؛ مومج چادر زده‌اند. شاید آنها را می‌گویی.»

خداداد جادهٔ مومج را پیش گرفت. این‌دفعه با گام‌های تند و لغزنده راه می‌رفت. از چندین جاده و راه پیچید؛ تا اینکه از دور چند سیاه‌چادر به نظرش رسید. نزدیک که شد؛ دید کنار جوی مردی خوابیده بود. کمی دورتر یک زن کولی بلغور غربیل می‌کرد. آن زن سلام کرد و گفت: «فال می‌گیریم. مهره مار داریم. الک، غربیل، گردو...»

خداداد دیوانه‌وار گفت:

«لاله، لالو را ندیدی؟ نمی‌دانی کجاست؟»

«فال می‌گیرم؛ بهت می‌گویم.»

«بگو؛ پولت می‌دهم.»

«نیازش را بده تا بگویم.»

خداداد خسته بود؛ دست کرد از جیبش یک قرآن درآورد؛ به زن کولی داد. کولی دست او را گرفت؛ به صورتش نگاه کرد و گفت: «علی پشت و پناهت است. ای مرد، تو الان غصّه‌ای در دل داری. چون چیزی را گم کرده‌ای که چهار سال به پایش زحمت کشیدی؛ نه جگرپاره‌ات است و نه او را از جگرپاره‌ات کمتر دوست داری.»

خداداد با چشمان اشک‌آلود به کولی نگاه می‌کرد. زیر لب گفت: «درست است. درست است.»

«اما بی‌خود غم مخور، چه آن دختر در نزدیکی تو است. زنده و تن‌درست است. او هم تو را دوست دارد؛ اما چه فایده که سرنوشت کار خودش را کرده!»

«چطور، چطور؟ تو را به هرچه می‌پرستی بگو.»

«به خودت غصّه راه نده. او خوشبخت است. در اطاقت را باز گذاشتی؛ شیطان داخل شد و او را گول زد.»

«اسمش عباس نیست؟»

«نه!»

«تو کی هستی؟ از کجا خبر داری؟ تو را به خدا راستش را بگو؛ هرچه بخواهی به تو می‌دهم.»

دست کرد از جیبش یک قران دیگر درآورد. گذاشت در دست کولی. ولی در این موقع دید که پردهٔ چادر مجاور پس رفت و لاله از آن بیرون آمد. همان لباس سرخ نوی که برایش خریده بود؛ تنش بود. یک سیب سرخ در دست داشت که آن را با آستین لباسش پاک می‌کرد و گاز می‌زد. بعد خندید؛ رو کرد به زن فالگیر و گفت: «ننه‌جون! این بابا خداداد است» و به او اشاره کرد. خداداد از شدّت تعجّب دهنش باز مانده. نگاه او پی‌درپی روی لالو و مادرش قرار می‌گرفت؛ ولی تاکنون لالو را آن‌قدر خوشحال و زنده‌دل ندیده بود؛ دست کرد از لای بغچه لچک سرخ را جلو او انداخت و گفت: «از بازار این را برای تو خریدم.»

لالو خندهٔ بلندی کرد؛ لچک را روی دوشش انداخت و زیر پستانش گره زد؛ بعد دوید جلو چادر، دست مرد جوانی را گرفت؛ بیرون کشید؛ به خداداد اشاره کرد و چیزی به آن مرد گفت. سپس به همان آهنگ مخصوصی که می‌خواند؛ شروع کرد به زمزمه کردن و با ماهیچه‌های لخت ورزیده‌اش دست به گردن با آن مرد از زیر درخت‌های بید گذشتند و دور شدند.

خداداد از غم و خوشحالی گریه می‌کرد. افتان‌وخیزان از همان راهی که آمده بود؛ برگشت. رفت در آلونکش و در را به روی خودش بست و دیگر کسی او را ندید.

صورتک‌ها

منوچهر دست راست را زیر چانه‌اش زده روی نیمکت والَمیده بود؛ سیمای او افسرده، چشم‌هایش خسته و نگاه او پی‌درپی به لنگر ساعت و لباسی که روی صندلی افتاده بود؛ قرار می‌گرفت و از خودش می‌پرسید: «آیا خجسته امشب به بال خواهد رفت؟ من که هرگز نمی‌توانم.»

هوا تیره و خفه بود؛ باران ریز سمجی می‌بارید و روی آب لبخندهای افسرده می‌انداخت که زنجیروار در هم می‌پیچیدند و بعد کم‌کم محو می‌شدند. شاخهٔ درخت‌ها خاموش و بی‌حرکت زیر باران مانده بود. تنها صدای یکنواخت چکّه‌های باران در ته ناودان حلبی شنیده می‌شد. از آن هواهای سنگین و دلچسب بود که روی قلب را فشار می‌دهد و آدم آرزو می‌کند که دور از آبادی در کنج دنجی باشد و کسی آهسته پیانو بزند. این منظره به طرز غریبی با افکار منوچهر اُخت و جور می‌آید.

همهٔ فکر منوچهر، بدون اراده دور یک سالَک کوچک پرواز می‌کرد. سالک کوچکی که آن‌قدر به‌جا گوشهٔ لب خجسته واقع شده بود و بر خوشگلی

او افزوده بود. چشم‌های میشی گیرنده، دندان‌های سفیدی که هر وقت می‌خندید با رشادت آنها را بیرون می‌انداخت؛ سر کوچک، فکر کوچک و آن نگاه بی‌گناه مثل نگاه برّه‌ای که به سلّاخ‌خانه می‌برند. برای منوچهر او یک بت یا یک عروسک چینی لطیف بود که می‌ترسید؛ به آن دست بزنند و کِنِفت بشود. از روزی که با خجسته آشنا شده بود؛ او را به طرز وحشیانه‌ای دوست داشت. هر حرکت او برای منوچهر پر از معنی، پر از دلربایی بود و فکر متارکهٔ با او به نظرش غیرممکن می‌آمد.

ولی دیروز عصر بود که فرنگیس، خواهر بزرگش، با چشم‌های اشک‌آلود وارد اطاق او شد و بعد از یک مشت گله به او گفت: «اگر تو خجسته را بگیری؛ آبروی چندین و چندسالهٔ ما به باد می‌رود. دیگر نمی‌توانیم با مردم مراوده داشته باشیم. جلو همه خوار و سرشکست خواهیم شد که بگویند؛ برادرت خجسته مترس ابوالفتح را گرفته!» و عکسی درآورد به او داد که همهٔ نقشه‌های منوچهر را ضایع و خراب کرد.

عکس خجسته بود؛ با چشم‌های خمار مست که در بغل ابوالفتح افتاده بود. از دیدن این عکس دود از سر منوچهر بلند شد. آیا برای خاطر او با خانواده‌اش به هم نزده؟ حالا این سرشکستگی را چه بکند؟ نه می‌توانست از خجسته چشم بپوشد و نه اینکه دوباره او را ببیند. در هر صورت تمام امیدها و افکاری که شالودهٔ آیندهٔ خود را روی آن بنا کرده بود؛ این عکس نیست و نابود کرد.

آشنایی آنها در سینما شروع شد. هر دفعه که چراغ‌ها روشن می‌شد؛ به هم نگاه می‌کردند. تا اینکه در موقع خروج از سینما با هم حرف زدند و چیزی که از ساعت اوّل منوچهر را شیفتهٔ خجسته کرد؛ سادگی او بود. در همان جا اقرار کرد که شب‌های دوشنبه به سینما می‌آید و سه شبِ دوشنبهٔ دیگر این ملاقات تکرار شد تا شب سوم، منوچهر او را با اتومبیل خود در خیابان لختی[1] به خانه‌اش رسانید. به اندازه‌ای منوچهر فریفتهٔ خجسته شده بود که همهٔ معایب و محاسن او، همهٔ حرکاتش، سلیقه و حتی غلط‌های املایی که در کاغذهایش می‌کرد؛ برای منوچهر بهتر از آن ممکن نبود. این یک ماهی که با هم آشنا بودند؛ بهترین دورهٔ زندگی او به شمار می‌رفت.

اوّلین بار که خجسته به خانهٔ او در همین اطاق آمد؛ گرامافن را کوک کرد. صفحهٔ «سرناتا» را گذاشت و مدت‌ها در دامن او گریه کرد. چقدر در اطاق تنها یا در اطاق کوچک کافه «وکا» با یکدیگر نقشهٔ آیندهٔ خودشان را می‌ریختند. منوچهر همیشه پیشنهادش این بود که با او برود به املاکش در مازندران، کنار رودخانه یک کوشک کوچک تمیز بسازد و با هم زندگی بکنند. این پیشنهاد موافق سلیقه و پسند خجسته نبود که مایل بود در تهران باشد؛ به مد جدید لباس بپوشد؛ تابستان‌ها با اتومبیل در زرگنده به گردش برود و در مجالس رقص حاضر بشود.

با وجود مخالفت خانواده‌اش، منوچهر تصمیم گرفته بود که خجسته را به زنی بگیرد و برای اتمام حجّت با پدرش داخل مذاکره شد؛ ولی پدر او

---

۱ - خیابان سعدی، از معابر قدیمی تهران است که روزگاری به خیابان لختی معروف بود.

از آن شاهزاده‌کهنه‌ها بود؛ با افکار پوسیده که موضوع صحبتش همیشه از معجزهٔ انبیا و حکایت‌های معجزه‌آسا که از مسافرت‌های خودش نقل می‌کرد بود و دور اطاق در قفسه‌ها شیرینی چیده بود. پیوسته چشم‌هایش می‌دوید و آرواره‌هایش می‌جنبید و شکر خدا را می‌کرد که این‌همه نعمت آفریده و معدهٔ قوی به او داده. از این تصمیم منوچهر بی‌اندازه خشمناک شد و پس از مشاجرهٔ سختی، منوچهر خانهٔ پدرش را ترک کرد؛ چون تصمیم او قطعی بود.

در این یک ماه اخیر چیزی که طرف توجّه و موضوع صحبت خجسته و منوچهر بود؛ بال‌کلوب ایران بود. منوچهر برای خودش لباس کشتیبانی تهیه کرده بود؛ اما خجسته لباس خودش را به او نمی‌گفت؛ چون می‌خواست در همان شب بال او را غافلگیر بکند.

ولی این عکس مشئوم، این عکسی که دیروز خواهرش فرنگیس برای او آورد؛ نه‌تنها منوچهر را از رفتن به بال منصرف کرد؛ بلکه همهٔ امید و آرزوهایش را خراب کرد و فوراً به خجسته کاغذ نوشت که دیگر حاضر نیست او را به بیند. اما این کافی نبود. اوّل تصمیم گرفت برود؛ ابوالفتح، بعد خجسته و بعد هم خودش را بکشد. بعد از کمی فکر این کار به نظرش بچّگانه آمد و نقشهٔ دیگری برای خودش کشید. چون او می‌دانست که بدون خجسته زندگی برایش غیرممکن است و برای اینکه انتقام بکشد؛ تصمیم گرفت به هر وسیله‌ای که شده دوباره با خجسته آشتی بکند و این زندگی را که یک شب توی رختخواب پدر و مادرش به او داده‌اند با یک شب تاخت بزند؛

خجسته باشد؛ زهر بخورند و در آغوش هم بمیرند. این فکر به نظرش خیلی قشنگ و شاعرانه بود.

مثل اینکه حوصله‌اش تنگ شد؛ منوچهر سیگاری آتش زد و بلند شد؛ بدون اراده دور اطاق شروع کرد به راه رفتن. ناگهان جلو صندلی که لباس ملّاحی او روی آن افتاده بود؛ ایستاد. صورتکی که برای امشب خریده بود؛ برداشت نگاه کرد. شبیه صورت خندان و چاقی بود با دهن گشاد. با خودش فکر کرد: «امشب ساعت نه‌ونیم همه در آن تالار بزرگ هستند. آیا خجسته هم خواهد رفت؟» از این فکر قلبش تند زد؛ چون هیچ استبعاد نداشت که خجسته با یک نفر دیگر، شاید با ابوالفتح برود و برقصد. بعد از آن همه شب‌های بی‌خوابی، شب‌هایی که تا نزدیک صبح پشت پنجرهٔ خانه او قدم می‌زد و روزهایی که پای صفحهٔ گرامافن گریه می‌کرد؛ ساعت‌های دراز، غم‌انگیز ولی دلربا - آیا این خجسته‌ای بود که برایش می‌مرد؛ همان خجسته که لب به شراب نمی‌زد؛ حالا مست و لایعقل در بغل این مردکه افتاده بود؟ آیا برای پول و اتومبیل او بود که اظهار علاقه می‌کرد. به‌خصوص اتومبیل، چون یکی‌دو بار که مذاکرهٔ فروش آن را کرد؛ خجسته جداً متغیّر شد. در این وقت صدای زنگ تلفن بلند شد؛ مدتی زنگ زد؛ منوچهر گوشی را برداشت.

«آلو... کجاست؟»

«آنجا کجاست؟»

«منوچهر شه‌اندوه...»

«خودشان هستند؟»

«بله. بفرمایید!»

«از ساعت ده الی یازده کسی می‌خواهد؛ راجع به کار فوق‌العاده مهمّی با شما گفتگو بکند و...»

منوچهر از بی‌حوصلگی گوشی را دوباره آویزان کرد و نگذاشت که حرفش را تمام بکند. صدای این مرد را نمی‌شناخت؛ آیا او را مسخره کرده بودند؟ آیا موضوع رمز با کسی دارد؟ منوچهر از آن کسانی بود که در بیداری خواب هستند؛ راه می‌روند و هزار کار می‌کنند؛ ولی فکرشان جای دیگر است. از دیروز این حس در او بیشتر بود. از خودش می‌پرسید: «این شخص که بوده؟ کس دیگری نمی‌توانست باشد؛ مگر خجسته که می‌خواهد بیاید؛ هزار جور قسم دروغ بخورد و ثابت بکند که این عکس را دشمنانش درست کرده‌اند. ولی آیا جای تردید باقی بود؟ آیا یک‌مرتبه گول خوردن کافی نبود؟ از ساعت ده تا یازده، حتماً اوست؛ چون علاقهٔ مرا نسبت به خودش می‌داند و این را هم می‌داند که بعد از این پیش‌آمد امشب به بال نخواهم رفت؛ او هم لابد نمی‌رود؛ می‌خواهد بیاید اینجا، ولی آیا من می‌توانم در را به رویش ببندم یا بیرونش بکنم؟» برای منوچهر شکی باقی نبود که خجسته امشب خواهد آمد و برای اینکه بی‌علاقگی و بی‌اعتنایی خودش را نسبت به او نشان بدهد؛ تصمیم گرفت که برود به بال. اگرچه نیم‌ساعت هم باشد تا به گوش خجسته برسد و بداند که برای این پیش‌آمد از تفریح بال خودش را محروم نکرده.

منوچهر چراغ را روشن کرد و مشغول تیز کردن تیغ ژیلت شد.

ساعت ده بود که اتومبیل فیات منوچهر در باغ کلوب ایران جلو عمارت ایستاد و او با لباس کشتیبانی سفید از آن پیاده شد.

تالار شلوغ و صدای موزیک تانگو بلند بود؛ همهٔ مهمانان با لباس‌های عجیب‌وغریب، صورتک گذاشته بودند. رنگ‌های جوربه‌جور، لباس‌های گوناگون، بوی عطر سفیدآب و دود سیگار در هوا پراکنده بود. منوچهر تا آخر رقص دور زد؛ دو سه نفر از دوستانش را با لباس‌های مختلف شناخت؛ ولی آشنایی نداد. شنیدن این تانگوی اسپانیولی، عوض اینکه در او میل رقص را تهییج بکند؛ افکار غم‌انگیزی برایش تولید کرد. یاد روزهایی افتاد که با ماگ بود و بعضی تکّه‌های زندگی فرنگ او را به یادش آورد. این آهنگ همهٔ آنها را بیش از حقیقت در نظر او جلوه داد. از اطاق بیرون رفت. وارد اطاق بوفه شد. جلو نوشگاه (بار) دو گیلاس ویسکی سدا پشت هم نوشید. حالش بهتر شد؛ دوباره به تالار رقص برگشت.

در این بین زنی به لباس «مفیستو» (اهریمن) با شنل سیاه و صورتک به شکل چینی، آمد کنار او ایستاد؛ ولی منوچهر به قدری حواسش پرت بود که متوجّه او نشد. جمعیّت زیادی در آمدوشد بود؛ ساز پشت هم می‌زد؛ مفیستو جلو منوچهر آمد و گفت: «نمی‌رقصی؟»

منوچهر صدای خجسته را شناخت؛ ولی خودش را به نشنیدن زد. خواست رد شود؛ خجسته بازوی او را گرفت و با هم به طرف اطاقی که پهلوی تالار بود؛ رفتند. در آنجا خلوت بود؛ یک زن و مرد پیر کنج اطاق نشسته بودند

و یک مرد چاق هم که لباس راجه هندی پوشیده بود؛ خودش را باد می‌زد. منوچهر بدون اراده روی صندلی راحتی نشست. خجسته هم روی دستهٔ پهن آن قرار گرفت؛ بعد به پشت منوچهر زد و گفت:

«به هه اوه...! از دماغ شیر افتاده! هیچ می‌دانی بی‌تربیتی کردی؟ یک خانم تو را دعوت کرد و با او نرقصیدی!»

«....»

«امروز عصر به تو تلفن کردم که ساعت ده خانه بمانی؛ کسی به دیدنت می‌آید. چرا نماندی؟ می‌دانستم که از لجبازی با من هم شده تو به بال می‌آیی...»

از این حرف مثل این بود که سقف اطاق روی سر منوچهر فرود آمد و پی برد که تا چه اندازه این کلّهٔ کوچک خجسته به سستی‌ها و روحیهٔ او پی برده بود؛ در صورتی که او هنوز خجسته را نمی‌شناخت و چشم‌بسته تسلیم او شده بود. در این ساعت همهٔ عشق و علاقهٔ او نسبت به خجسته تبدیل به کینه شده بود. خجسته باز پرسید:

«لباس من چطور است؟»

منوچهر بعد از کمی تأمّل:

«چه لباس برازنده‌ای پوشیدی؛ خوب روحیّه‌ات را مجسّم می‌کند!»

«منوچ! تو راستی گمان کردی که آن عکس درست است؟»

«پس نه غلط است... مال از ما بهتران است!»

«به تو گفته بودم که پارسال پسرخاله‌ام شیرینی مرا خورده بود.»

«اما لباست؟»

«چطور؟»

«همان لباس تافته‌ای که دو ماه پیش از لاله‌زار خریدی که رویش خال سیاه دارد؛ توی عکس همان به تنت است.»

«آخر یک چیزهایی هست؛ اگر تو می‌دانستی! من هیچ‌وقت جرئت نکردم که برایت بگویم؛ ولی تصمیم گرفته بودم که پیش از عروسی‌مان به تو بگویم. آیا می‌شود دو نفر با هم راست حرف بزنند؟»

«پس حالا اقرار می‌کنی که در تمام این مدّت به من دروغ می‌گفتی؟»

«نه، می‌خواهم بگویم من همیشه فکر کرده‌ام. آیا ممکن است که دو نفر ولو دو دقیقه هم باشد؛ صاف و پوست‌کنده همهٔ احساسات و افکار خودشان را به هم بگویند؟»

«گمان می‌کنم از پشت صورتک بهتر بشود راست گفت.»

«من از خودم می‌پرسیدم؛ آیا حقیقتاً تو مرا دوست داشتی یا نه؟»

«دوست داشتم ولی...»

«درست است؛ اما در تمام این مدّت آیا به من دروغ نمی‌گفتی؟ آیا مرا از ته دل دوست داشتی؟»

«تو برای من مظهر کس دیگر بودی؛ می‌دانی هیچ حقیقتی خارج از وجود خودمان نیست. در عشق این مطلب بهتر معلوم می‌شود؛ چون هرکسی با

قوّهٔ تصوّر خودش کس دیگر را دوست دارد و این از قوّهٔ تصوّر خودش است که کیف می‌برد؛ نه از زنی که جلو اوست و گمان می‌کند که او را دوست دارد. آن زن تصوّر نهانی خودمان است؛ یک موهوم است که با حقیقت خیلی فرق دارد.»

«من درست نفهمیدم.»

«می‌خواهم بگویم که تو برای من موهوم، یک موهوم دیگر هستی؛ یعنی تو به کسی شباهت داری که او موهوم اوّل من بود. برایت گفته بودم که پیش از تو من ماگ را دوست داشتم.»

«همان دختری که توی دانسینگ با او آشنا شدی؟»

«خود اوست.»

«او را از من بیشتر دوست داشتی؟»

«تو را دوست داشتم؛ چون شبیه او بودی. تو را می‌بوسیدم و در آغوش می‌کشیدم به خیال او. پیش خودم تصوّر می‌کردم که اوست و حالا هم با تو به هم زدم؛ چون تو که نمایندهٔ موهوم من بودی؛ یادگار آن موهوم را چرکین کردی.»

«مردها چه حسود و خودپسند هستند!»

«زن‌ها هم دروغگو و مزوّرند.»

«مگر من مال تو نبودم؟ مگر خودم را تسلیم تو نکردم؟ چرا به قول خودت به موهوم اهمیّت می‌گذاری! دنیا دمدمی است؛ دو روز دیگر ماها خاک می‌شویم. چرا سر حرف‌های پوچ وقتمان را تلف بکنیم؟ چیزی که می‌ماند

همان خوشی است؛ وقت را باید غنیمت شمرد. باقیش پوچ است و بعد افسوس دارد.»

«افسوس... افسوس... که این حرف را از ته دل می‌زنی؛ شماها آن‌قدر هم استقلال روح ندارید؛ حرف‌های دیگران را مثل صفحهٔ گرامافن تکرار می‌کنید.»

در این وقت دو نفر مرد که یکی لباس مستوفی‌های قدیم را پوشیده بود و دیگری لباس کُردی دربرداشت نزدیک آنها شدند؛ همین که گذشتند؛ خجسته گفت:

«با همهٔ این حرف‌ها می‌دانی؛ وقتمان تنگ است. از امشب زندگی من به‌کلّی عوض شده، با خانواده‌ام به هم زده‌ام و دیگر هیچ‌چیز برایم اهمیّت ندارد. می‌خواهی باور کن؛ می‌خواهی هم باور نکن؛ ولی برای آخرین بار اختیارم را می‌دهم به دستت. هرچه بگویی خواهم کرد.»

«یک مرتبه دوستیت را به من ثابت کردی؛ کافی است. من توی این شهر انگشت‌نمای مردم شدم. از فردا باید با همین صورتک توی کوچه‌ها بگردم تا مرا نشناسند.»

«گفتم که حاضرم، همین الان، می‌خواهی برویم آنجا در ملکت، دور از شهر برای خودمان زندگی بکنیم. اصلا به شهر هم برنمی‌گردیم!»

با حرارت مخصوصی این جمله را گفت؛ چون در این موقع پردهٔ نقاشی که در خانهٔ پدربزرگش دیده بود؛ جلو چشم او مجسّم شد که جنگلی را نشان می‌داد با درختان انبوه، با یک تکّه آسمان آبی که از لای شاخه‌ها پیدا

بود. این پرده به نظر او خیلی شاعرانه بود. در خیال خودش مجسّم کرد که دست بچّه‌ای که شکل دهاتی‌هاست و گونه‌های سرخ دارد؛ گرفته آنجا گردش می‌کند و آن بچّه‌ای است که بعد پیدا خواهد کرد. در صورتی که این پیشنهاد، فکر انتقام منوچهر را آسان کرد؛ سرش را بلند کرد و گفت: «همین الان می‌رویم.»

از جایشان بلند شدند. منوچهر جلو نوشگاه یک گیلاس ویسکی دیگر سر کشید. از پلّه‌ها که پایین می‌رفتند خجسته گفت: «اگر همین‌طور با صورتک برویم بامزه است؛ من که صورتکم را برنمی‌دارم.»

هر دو آنها جلو اتومبیل جا گرفتند. اتومبیل بوق زد و راه افتاد. از کوچه‌های خلوت نمناک که گذشت تندتر کرد و بدون تأمّل از دروازه شمیران بیرون رفت. پشت آن چند بار سوت کشیدند؛ ولی اتوموبیل در جاده مازندران جست می‌زد. اثر ویسکی، هوای بارانی و این پیش‌آمدها، خون را به سرعت در بدن منوچهر دوران می‌داد. مثل این بود که نیروی حیاتی او دو برابر شده بود و قوّهٔ مخصوصی در خودش حس می‌کرد. هوا تاریک و فقط یک نوار سفید جلو اتومبیل روشن بود.

خجسته خودش را به منوچهر چسبانیده بود؛ می‌خندید و می‌گفت: «کاشکی دفعهٔ آخر یک تانگو با هم رقصیده بودیم!»

ولی منوچهر گوش به حرف او نمی‌داد؛ شانه‌هایش را بالا انداخت و به سرعت هرچه تمام‌تر اتومبیل را می‌راند. خجسته خواست دوباره چیزی بگوید؛ اما باد در دهن او پر شد. درّه‌ها و تپّه‌ها به طرز غریبی بزرگ می‌شدند

و از جهت مخالف سیر اتومبیل رد می‌شدند. ناگاه چرخ‌ها لغزیدند؛ اتومبیل دور خودش گردید و صدای غرّش آهن، فولاد و شکستن شیشه در فضا پیچید و اتومبیل در پرتگاه کنار جاده افتاد. بعد یک مرتبه صدا خاموش شد؛ تنها شعله‌های آبی رنگ از روی شکستهٔ آن بلند می‌شد.

صبح یک مشت گوشت سوخته و لش اتومبیل کنار جاده افتاده بود. کمی دورتر دو صورتک پهلوی هم بود؛ یکی چاق و سرخ و دیگری زرد و لاغر به شکل چینی‌ها که به هم دهن‌کجی کرده بودند.

چنگال

سید احمد همین که وارد خانه شد؛ نگاه مظنونی به دور حیاط انداخت. بعد با چوب‌دستی خودش به در قهوه‌ای رنگ اطاق روی آب انبار زد و آهسته گفت: «ربابه... ربابه!...»

در باز شد و دختر رنگ‌پریده‌ای هراسان بیرون آمد: «داداشی! تو هستی؟ بیا بالا.»

دست برادرش را گرفت و در اطاق تاریک کوچک که تا کمرکش دیوار نم کشیده بود؛ داخل شدند. سید احمد عصایش را کنار اطاق گذاشت و روی نمد کهنه گوشهٔ اطاق نشست. ربابه هم جلو او نشست. ولی بر خلاف معمول، ربابه اخم‌آلود و گرفته بود. سید احمد بعد از آنکه مدتی خیره به چشم‌های اشک‌آلود او نگاه کرد؛ از روی بی‌میلی پرسید: «ننجون کجاست؟»

ربابه با صدای نیم‌گرفته گفت: «گور مرگش اون اطاق خوابیده.»

«خوابیده؟»

«آره... امروز من آشپزخانه را جارو می‌زدم؛ چادرم گرفت به کاسهٔ چینی، همانی که رویش گل‌های سرخ داشت؛ افتاد و شکست... اگر بدانی ننجون چه به سرم آورد... گیس‌هایم رو گرفت مشت‌مشت کند... هی سرم را به دیوار می‌زد؛ به تنم فحش می‌داد. می‌گفت آن ننهٔ گوربه‌گوریت، بابام هم اونجا وایساده بود می خندید...»

سید احمد خشمگین: «می خندید؟»

«هی خندید؛ خندید... می‌دونی حالش به هم خورده بود. همان‌جوری که یک ماه پیش شد. بعد یک‌مرتبه دهنش کف کرد؛ کج شد. آن وقت پرید ننجون رو گرفت؛ آن‌قدر گلویش را فشار داد که چشم‌هایش از کاسه در آمده بود. اگر ماه‌سلطان نبود؛ خفه‌اش کرده بود. حالا فهمیدم ننه‌مون را چه‌جور کشت؟»

چشم‌های سید احمد با روشنایی سبز رنگی درخشید و پرسید: «کی گفت که ننه‌مون رو این‌جور کشت؟»

«ماه‌سلطان بود که رفت سر نعش او و می‌گفت که گیس‌هایش را دور گردنش پیچیده بود. نمی‌دونی وقتی که دست‌هایش را انداخت بیخ گلوی ننجون...»

سید احمد همین‌طور که به او نگاه می‌کرد؛ دست‌های خشک خودش را مثل برگ چنار بلند کرد. انگشت‌هایش باز شد و مانند اینکه بخواهد؛ شخص خیالی را خفه بکند؛ دست‌هایش را به هم قفل کرد.

ربابه که ملتفت او بود؛ کمی خودش را کنار کشید و به او خیره نگاه کرد.
سید احمد دوباره پرسید: «مگر بابام امروز نرفت مسجد شاه؟»

«نه... حالش خوب نبود؛ از همان بعدازظهر پرت می‌گفت. از همان مسئله‌ها که تو مسجد برای مردم می‌گه: غسل، طهارت، از آن دنیا حرف می‌زد.»

«مبطلات روزه، حیض و نفاس.»

«آره... از خودش می‌پرسید و به خودش جواب می‌داد. من به خیالم دیوانه شده... یک چیزهایی می‌گفت که من خجالت می‌کشیدم...»

بعد ربابه نزدیک‌تر به احمد شد؛ دست روی سر او کشید و گفت:

«پس کی فرار می‌کنیم؟ مگر نگفتی که عباس می‌گوید با یازده تومان و شش قران هم می‌شود؛ یک گاو خرید؟ حالا ما یک لاغرش را می‌خریم. من هم رخت‌شوری می‌کنم؛ پول خودم را درمی‌آورم؛ ببین هرچه زودتر فرار کنیم بهتره، من می‌ترسم!»

«بگذار هوا بهتر بشود. چند روز است که پام اذیّتم می‌کند.»

«هوا که بهتر شد می‌ریم. همچین نیست، داداشی؟ اقلّا هرچه باشد از اینجا که بهتر است.»

بعد هر دو آنها خاموش شدند.

احمد جوانی بود هجده‌ساله و بلندبالا. ابروهای پرپشت به هم پیوسته و چشم‌های برّاق و صورت عصبانی داشت و پشت لبش تازه سبز شده بود. ربابه پانزده‌ساله و گندمگون بود. ابروهای تنک، لب‌های برجستهٔ سرخ،

دست‌های کوچک و چانهٔ باریک داشت و بیشتر به مادرش رفته بود؛ در صورتی که سید احمد شبیه و نمونهٔ پدرش بود. حتی نشان مرض خطرناک او در احمد آشکار شده بود.

سید جعفر، پدرشان، کارش معرکه گرفتن در مسجد شاه بود. مردم بیکار را دور خودش جمع می‌کرد و برایشان به‌طور سؤال و جواب، مسائل فقهی و تکلیفی را بدون پرده و رودربایستی تشریح می‌کرد. به‌قدری در فن خودش مهارت داشت که در موقع فروش دعا، یک عقرب سیاه را دست‌آموز و زهر او را خنثی کرده بود و با آن نمایش می‌داد. اگرچه در این اواخر کاسبیش خوب نمی‌چرخید؛ ولی به‌قدر خرج خانه‌اش درمی‌آورد. پنج سال پیش یک شب که همه خوابیده بودند؛ مست وارد خانهٔ شد و صبح، صغرا زنش را خفه‌شده در اطاق او پیدا کردند؛ ولی هیچ‌کس کمترین شک به سید جعفر نیاورد و همه گمان کردند که به علّت ناخوشی مرده است. به غیر از ماه‌سلطان خواهرخواندهٔ صغرا که سید جعفر را مسئول مرگ او می‌دانست. دو ماه بعد سید جعفر، رقیه‌سلطان را به زنی گرفت.

رقیه‌سلطان بلای جان این دو بچهٔ یتیم، احمد و ربابه شد و از شکنجه و آزار آنها به‌هیچ‌وجه کوتاهی نمی‌کرد و چیزی که شگفت‌آور بود؛ به جای اینکه سید جعفر از بچه‌هایش میانجی‌گری بکند؛ برعکس در آزار آنها با رقیه‌سلطان شرکت می‌نمود؛ چون سید جعفر از آن مردهایی بود که سر جوانی این بچه‌ها را پیدا کرده بود؛ به امید اینکه گویندهٔ لااله‌الاالله پس می‌اندازد و دهن باز بی‌روزی نمی‌ماند و خدا بچّه بدهد؛ سرش را پوست

هندوانه می‌گذاریم. اما حالا که آنها را می‌دید؛ تعجّب می‌کرد چطور این بچّه‌ها مال اوست و همهٔ خیالش این بود که این دو تا نان‌خور زیادی را از سر خودش باز بکند و دل فارغ با رقیه، خانه را خلوت بکند. از همان‌وقت سید و ربابه خودشان را در خانهٔ پدری بیگانه دیدند و زندگی برایشان تحمّل‌ناپذیر شد؛ به‌همین‌جهت آنها بیش از پیش به یکدیگر دلبستگی پیدا کردند. رقیه‌سلطان برای اینکه آنها را از زندگی خودش جدا بکند؛ اطاق روی آب‌انبار را که نمناک و تاریک بود؛ برای آنها اختصاص داد و از این رو دو ماه بود که احمد پادرد گرفته بود و با آن که چندین بار برایش دعا گرفتند؛ رو به بهبودی نمی‌رفت. احمد روزها عصازنان به دکان پینه‌دوزی می‌رفت و ربابه تمام روز کار خانه را می‌کرد؛ به عشق اینکه شب را با برادرش است که یگانه دلداری‌دهندهٔ او به شمار می‌آمد. نزدیک غروب که احمد به خانه برمی‌گشت؛ اگر کاری به ربابه رجوع می‌شد؛ او در انجام آن کار پیشی می‌گرفت. اگر ربابه گریه می‌کرد؛ او نیز می‌گریست و همچنین بالعکس و شب که می‌شد؛ با هم کنج اطاق تاریکشان شام می‌خوردند و لحاف رویشان می‌کشیدند و مدّتی با هم درددل می‌کردند. ربابه از کارهای روزانه‌اش می‌گفت و احمد هم از کارهای خودش. به‌خصوص صحبت آنها بیشتر در موضوع فرار بود؛ چون تصمیم گرفته بودند که از خانهٔ پدرشان بگریزند.

کسی که فکر آنها را قوّت داد؛ عباس ارنگه‌ای رفیق احمد بود که روزها در بازار با او کار می‌کرد و برایش شرح زندگی ارزان و فراوانی ارنگه را نقل کرده بود. به‌طوری این فکر در تصوّر احمد جای گرفته بود که خانه‌های دهاتی،

زن‌های تنبان‌قرمز، کوه‌های سبز، چشمه‌های گوارا و زندگی تابستان و زمستان آنجا همان‌طوری که عباس برایش نقل کرده بود؛ جلو چشمش مجسّم می‌شد و به اندازه‌ای شیفتهٔ ارنگه شده بود که نقشهٔ فرار خودش را به عباس گفت و عباس هم فکر او را تمجید کرد. بالأخره تصمیم گرفتند که هر سه آنها به ارنگه رفته و زندگی تازه و آزادی برای خودشان تهیّه کنند.

هرشب احمد نقشهٔ فرارشان را برای ربابه تکرار می‌کرد که همیشه یک‌جور بود و ربابه با چشم‌های ذوق‌زده فکر و هوش برادرش را تمجید می‌کرد. خیالات شگفت‌انگیز در مخیّلهٔ ساده‌اش نقش می‌بست و چون تنها مسافرتی که در عمرش کرده بود؛ زیارت سید ملک‌خاتون بود؛ هر دفعه که حرف ارنگه به میان می‌آمد؛ ربابه یاد آن روز می‌افتاد که آش رشته بار گذاشته بودند؛ ننه‌اش زنده بود و او به سگّه دنبال تاجی دختر همسایه‌شان دوید؛ زمین خورد و پیشانیش زخم شد. او گمان می‌کرد؛ ارنگه هم شبیه سید ملک‌خاتون است و نیز به برادرش وعده می‌داد که از کار بازوی خودش هیچ دریغ نخواهد کرد و در مخارج، کمک او خواهد شد.

تاکنون احمد از مزد روزانه‌اش یازده تومان و شش هزار پس‌انداز کرده بود. اگر شش تومان و چهار قران به دست می‌آورد؛ می‌توانست یک گاو ماده و دو بز ماده بخرد. آن‌وقت می‌رفتند در خانهٔ عباس، روزها آنها زمین را کشت و درو می‌کردند؛ ربابه هم شیر می‌دوشید؛ ماست می‌بست. توت خشک می‌کرد و زمستان احمد پینه‌دوزی می‌نمود و سر دو سال به قول عباس می‌توانستند؛ از دسترنج خودشان دارای زمین و خانه بشوند.

پاییز و زمستان و بهار گذشت. احمد به خیال فرار به اندوختهٔ خود می‌افزود و ربابه هم هرچه خرده‌ریز گیرش می‌آمد؛ به دقّت می‌پیچید و در مجری کهنه‌اش می‌گذاشت تا در موقع فرار همراه خودشان ببرند و شب‌ها وقتی که توی رختخواب می‌رفتند؛ به‌جز حرف ارنگه و ترتیب فرار، چیز دیگر در میان نبود. ولی پیش‌آمد دیگری رخ داد و آن این بود که یک روز مشدی غلام، علّاف سر گذر که ربابه را دیده بود مادرش را به خواستگاری ربابه فرستاد. معلوم بود سید جعفر و رقیه‌سلطان هر دو به این امر راضی بودند. اما این پیش‌آمد تأثیر بدی در اخلاق احمد کرد؛ چون اگر برای خاطر خواهرش نبود؛ او دو سال پیش فرار کرده بود. ربابه که به این مطلب پی برده بود؛ برای اینکه به احمد نشان بدهد که مشدی غلام را دوست ندارد؛ نسبت به او بیشتر ابراز محبّت می‌کرد؛ به‌طوری که احمد خسته می‌شد و چیز دیگری که احمد را تهدید می‌کرد؛ پادرد بود که سخت‌تر شده بود و از این جهت پیوسته غمگین و خاموش بود.

یکی از روزهای زیارتی که سید جعفر و رقیه‌سلطان به شاه عبدالعظیم رفته بودند و قرار بود که شب را در آنجا بمانند؛ ربابه از غیبت زن پدرش خوشحال‌تر از همیشه بود؛ حتی کمی هم به خودآرایی پرداخته و از سفیدآب تبریز زن پدرش که چندی پیش کش رفته بود؛ به صورتش مالیده بود؛ ولی سید احمد در این روز دیرتر از معمول به خانه آمد. هر چند بزک ربابه در نظر احمد به طرز دیگری جلوه کرد؛ ولی این فکر دردناک برایش آمد که ربابه حالا خودش را آزاد و زن مشدی غلام می‌داند و تاکنون هم به بهانهٔ فرار او را گول زده، از نقشهٔ فرار خودش منصرف کرد و حالا که شوهر برایش

پیدا شده ماندگار خواهد بود. همین که ربابه برادرش را دید؛ جلو دوید و گفت:

«من دلواپس بودم؛ دلم مثل سیر و سرکه می‌جوشید. چرا امشب دیر کردی؟»

«با عباس بودم.»

«داداشی، امشب نمی‌آیند.»

«من می‌دانم.»

«چی خوردی؛ دهنت بو می‌دهد؟ چرا چشم‌هایت این‌طور شده؟ مگر ناخوشی؟»

«نه، شراب خوردم... عباس زورکی به من شراب داد.»

«دوا خوردی؟»

«چه کار بکنم با این پای علیل!»

«مگر پای معرکهٔ بابام نشنیدی؛ برای شراب چه چیزهایی می‌گفت؟»

«کاسبیش بوده. تو خودت گفتی. از قول ماه‌سلطان گفتی که همان شب که ننه‌مون را خفه کرد؛ مست بوده. می‌دانی این حرف‌هایی که می‌زند؛ برای کاسبیش است. اگر از دکان همسایه کفش گاومیش خوب بخرند؛ من هزار عیب رویش می‌گذارم تا جنس دکان خودمان را بفروشم. اما کاسبی کردن با راست گفتن دو تا است.»

«شاید حکیم بهش داده.»

«حکیم چرا به من نمی‌دهد؟ من که جوانم، حالم بدتر از اوست. او شصت سال دارد. همهٔ کیف‌ها را کرده؛ همهٔ بامبول‌ها را زده؛ می‌فهمی؟ آن‌وقت ارث پادردش را به من داده. اگر شراب برای پادرد خوب است. چرا من نخورم؟ دروغ است. همهٔ این حرف‌ها دروغ است.»

«مگر نمی‌رویم النگه؟»

«چرا شراب نخورم؟ این حالم، من نمی‌توانم تکان بخورم؛ هر دفعه بدتر می‌شود. دو روز دیگر هم تو می‌روی خانهٔ غلام. من تنها می‌مانم؛ توی این خانه جانم به لبم رسید. عصرها که برمی‌گردم؛ مثل این است که با چماق مرا می‌آورند. می‌خواهم بروم؛ بروم سر بگذارم به بیابان. چرا شراب نخورم؟»

بعد یک‌مرتبه مابین آنها سکوت شد. چند دقیقه بعد شام خوردند و کنار حوض در رختخوابشان خوابیدند.

ربابه سردماغ بود؛ تخمه می‌شکست و می‌خواند:

«می‌خوام برم النگه

یه پای خرم می‌لنگه»

قه‌قه می‌خندید؛ اما احمد متفکّر و گرفته بود و پیش خودش گمان کرد که ربابه به او طعنه می‌زند.

ربابه دوباره گفت:

«امشب ما تنها هستیم. النگه که رفتیم هر روز همین‌طور است. ننجون نیست؛ ما با هم هستیم؛ همچنین نیست احمد؟»

در جواب او احمد به زور لبخند زد؛ ربابه گمان کرد برای پادردش است. بازگفت:

«می‌دونی؛ فرار که کردیم؛ اونجا تو النگه من از تو پرستاری می‌کنم. پات خوب می‌شه. مگر ماه‌سلطان نگفت از باد است. باید چیزهای حرارتی بخوری. حالا مبادا وقت بزنگاه پات درد بگیره؛ نتوانیم برویم؟»

«نه، پام عیبی نداره؛ اما به تو چه؟ تو که شوهر می‌کنی!»

«به جدّم که نه، هرگز من زن مشدی غلام نمی‌شم؛ با تو می‌آم.»

مهتاب بالا آمده بود. ستاره‌های کوچک از ته آسمان سوسو می‌زدند. ربابه آزادانه صحبت می‌کرد و می‌خندید و گونه‌هایش گلگون شده بود. احمد هیچ‌وقت این صورت مهیّج را در ربابه سراغ نداشت و با تعجّب به او نگاه می‌کرد.

احمد با لحن تمسخرآمیز پرسید:

«از مشدی غلام چه خبر؟»

«مرده‌شور ریختش را ببرند. الهی تنه‌اش زیر گل برود!»

«نه، تو خودت او را می‌خواهی.»

«به جدّم که نه، من به‌جز تو کسی را دوست ندارم.»

«دروغ می‌گویی!»

«والله دروغ نمی‌گویم؛ هر آنی که راه بیفتی من هم با تو می‌آیم.»

«هفتهٔ دیگر... نه، پس‌فردا می‌رویم.»

«با این پا!...»

«هان... هان... دیدی که من فهمیدم...؟ از همان اول فهمیده بودم؛ تو مرا مسخره کردی. مسخرهٔ تو شدم.»

«تو به خیالت که من دروغ می‌گویم. بیا همین الان برویم.»

«هان... اما تو آنجا هم می‌خواهی؛ شوهر بکنی. توی النگه مردهای پرزور، جوان و سرخ‌وسفید دارد. تو می‌خواهی...»

«راستی من عباس را ندیده‌ام.»

در این‌وقت احمد گونه‌هایش گل انداخته بود. به دشواری نفس می‌کشید؛ انگشت‌هایش می‌لرزید و دهنش خشک شده بود. ربابه که ملتفت او نبود؛ دنبال حرفش را گرفت.

«به جدّم قسم اگر من زن مشدی غلام بشوم. آخر مگر نباید بگویم بله؟... نمی‌گویم... وانگهی او پیر و زشت است. ماه‌سلطان گفت دو تا زن دارد؛ من او را نمی‌خواهم. با تو می‌آیم... حالا النگه خیلی دور است؟»

«نه، پشت کوه است. وانگهی ما با مال می‌رویم.»

«آن کوه‌های کبود که از روی پشت‌بام‌مان پیداست... می‌دونم؛ رویش برف است؛ من یخ‌ماست هم بلدم... زن‌های اونجا چطوره، هان... ایلیاتی هستند. من یادم است؛ ننه نادعلی گاهی می‌آمد خانه‌مان، یادت هست؟ وقتی که ننه‌ام زنده بودها، اون هم مال دهات بود. از توی کوه صحبت می‌کرد. داداشی! بگو ببینم گاو که خریدیم؛ من که بلد نیستم بدوشم.»

احمد به او خیره نگاه می‌کرد. ربابه بازگفت:

«من اُرسی نوهایم را با یک النگو که ننم به من داده بود؛ رویش سه تا نگین دارد؛ آنها را هم پیچیده‌ام. زمستان‌ها تو اُرسی می‌دوزی؛ همچین نیست!»

احمد با سر اشاره کرد آری.

«تو زن دهاتی هم می‌گیری؟»

احمد به طرز مخصوصی به او خیره می‌نگریست. ربابه این تغییر حالت او را حس کرده بود؛ ولی از روی لجاجت می‌خواست او را به حرف بیاورد؛ غلت زد و شروع کرد به خواندن:

«منم، منم، بلبل سرگشته
از کوه‌وکمر برگشته
مادر نابکار، مرا کشته
پدر نامرد، مرا خورده
خواهر دلسوز:
استخوان‌های مرا با هفتا گلاب شسّه
زیر درخت گل چال کرده
منم شدم یه بلبل:
پر پر.

این همان ترانه‌ای بود که سه سال پیش، در اطاق روی آب‌انبار با هم می‌خواندند؛ ولی امشب جور دیگر به نظر احمد آمد و او را بیشتر عصبانی

کرد. مثل این بود که می‌خواست؛ به او بفهماند که من شوهر می‌کنم و می‌روم؛ اما تو زمین‌گیر می‌شوی و نقشهٔ فرارمان به هم خورد.

ربابه دوباره در رختخواب غلت زد؛ برگشت و گفت:

«امشب هوا خنک است؛ دستت را بده به من.»

دست احمد را گرفت؛ روی گردن خود گذاشت؛ ولی انگشت‌های سرد احمد مثل ماری که در مجاورت گرما جان بگیرد؛ به لرزه افتاد. در این وقت جلو چشمش تاریک شده بود؛ تند نفس می‌کشید؛ شقیقه‌هایش داغ شده بود؛ دست راستش را بدون اراده بلند کرد و گردن ربابه را محکم گرفت؛ ربابه گفت:

«می‌ترسم، مرا این‌جور نگاه نکن.»

چشم‌هایش را به هم فشار داد و زیر لب دوباره گفت:

«اوه... چشم‌ها.... شکل بابام شدی!...»

باقی حرف در دهنش ماند؛ چون دست‌های احمد با تردستی و چالاکی مخصوصی، دو رشته گیس بافتهٔ ربابه را گرفت و به دور گردنش پیچانید و به سختی فشار داد. ربابه فریاد کشید؛ ولی احمد گلویش را گرفت و سر او را به سنگ حوض زد. کف خون‌آلودی از دهنش بیرون آمد و بی‌حس روی زانوی او افتاد؛ بعد احمد بلند شد؛ چند قدم بی‌کمک عصا راه رفت؛ سپس مثل اینکه همهٔ قوای او به کار رفته بود؛ دوباره به زمین خورد.

صبح مردهٔ هر دو آنها را در حیاط پهلوی حوض پیدا کردند.

مردی که نفسش را کشت

«نَفس اژدرهاست، او کی مُرده است؟
از غـم بی‌آلـتـی افـسـرده اسـت!»
مولوی

میرزا حسینعلی هر روز صبح سرِ ساعتِ معیّن، با سرداریِ سیاه، دُگمه‌هایِ انداخته؛ شلوارِ اتو زده و کفشِ مشکیِ برّاق، گام‌هایِ مُرتّب برمی‌داشت و از یکی از کوچه‌های طرفِ سرچشمه بیرون می‌آمد؛ از جلویِ مسجدِ سپهسالار می‌گذشت؛ از کوچهِ صفی‌علی‌شاه پیچ می‌خورد و به مدرسه می‌رفت.

در میان راه اطراف خودش را نگاه نمی‌کرد. مثل اینکه فکر او متوجّه چیز مخصوصی بود. قیافه‌ای نجیب و باوقار، چشم‌های کوچک، لب‌های برجسته و سبیل‌های خرمایی داشت. ریش خودش را همیشه با ماشین می‌زد؛ خیلی متواضع و کم‌حرف بود.

ولی گاهی، طرف غروب از دور هیکل لاغر میرزا حسینعلی را بیرون دروازه می‌شد؛ تشخیص داد که دست‌هایش را از پشت به هم وصل کرده، خیلی آهسته قدم می‌زد؛ سرش پایین، پشتش خمیده، مثل اینکه چیزی را جستجو می‌کرد؛ گاهی می‌ایستاد و زمانی زیر لب با خودش حرف می‌زد.

مدیر مدرسه و سایر معلّمان نه از او خوششان می‌آمد و نه بدشان می‌آمد؛ بلکه یک تأثیر اسرارآمیز و دشوار در آنها می‌کرد. برعکس، شاگردان که از او راضی بودند؛ چون نه دیده شده بود که خشمناک شود و نه اینکه کسی را بزند. خیلی آرام، تودار و با شاگردان دوستانه رفتار می‌نمود. از این رو معروف بود که کُلاهش پشم ندارد؛ ولی با وجود این، شاگردان سر درس او مؤدّب بودند و از او حساب می‌بردند.

تنها کسی که میانه‌اش با میرزا حسینعلی گرم بود و گاهی صحبت میانشان ردّوبدل می‌شد؛ شیخ ابوالفضل معلّمِ عربی بود که خیلی ادعا داشت؛ پیوسته از درجهٔ ریاضت و کرامت خودش دم می‌زد که چند سال در عالم جذبه بوده، چند سال حرف نمی‌زده و خودش را فیلسوف دهر، جانشین بوعلی‌سینا و مولوی و جالینوس می‌دانست. ولی از آن آخوندهای خودپسند ظاهرساز بود که معلوماتش را به رُخ مردم می‌کشید. هر حرفی که به میان می‌آمد؛ فوراً یک مَثَل یا جملهٔ عربی آب نکشیده و یا از اشعار شُعرا به استشهاد آن می‌آورد و با لبخند پیروزمندانه تأثیر حرفش را در چهرهٔ حضّار جستجو می‌کرد و این خود غریب می‌نمود که میرزا حسینعلی معلّم فارسی و تاریخ ظاهراً متجدّد و بدون هیچ ادّعا، شیخ‌ابوالفضل را در دنیا به رفاقت خودش انتخاب بکند. حتّی گاهی شیخ را به خانهٔ خودش می‌برد و گاهی هم به خانهٔ او می‌رفت.

میرزا حسینعلی از خانواده‌های قدیمی، آدمی با اطّلاع و از هر حیث آراسته بود و به قول مردم از دارالفنون فارغ‌التحصیل شده بود. دو سه سال با پدرش

در مأموریت کار کرده بود؛ ولی از سفر آخری که برگشت؛ در تهران ماندنی شد و شغل معلّمی را اختیار کرد تا نسبتاً وقتش به او اجازه بدهد که به کارهایِ شخصی بپردازد؛ چه او کار غریب و امتحان مشکلی را عهده‌دار شده بود.

از بچّگی، همان‌وقت که آخوند سرخانه برای او و برادرش می‌آمد؛ میرزا حسینعلی استعداد و قابلیّت مخصوصی در فراگرفتن ادبیات و اشعار متصوّفین و فلسفهٔ آنها آشکار می‌کرد؛ حتّی به سبک صوفیان شعر می‌ساخت. معلم آنها شیخ عبدالله که خودش را از جرگهٔ صوفیان می‌دانست؛ توجّه مخصوصی نسبت به تلمیذ خودش آشکار می‌کرد؛ افکار صوفیان به او تلقین می‌نمود و از شرح حالات عرفا و متصوّفین برای او نقل می‌کرد. به‌خصوص از علو مقام منصور حلّاج برای او حکایت کرده بود که منصور از مقام ریاضت نفس به جایی رسیده بود که بالای دار «اناالحق» می‌گفت. این حکایت در فکر جوان میرزا حسینعلی خیلی شاعرانه بود و بالأخره یک روز شیخ عبدالله به او اظهار کرد که: «با آن مایه که در تو می‌بینم؛ هرگاه پیروی اهل طریقت را بکنی؛ به مراتب عالیه خواهی رسید». این فکر همیشه به یاد میرزا حسینعلی بود؛ در مغز او نشو و نما کرده و ریشه دوانیده بود و همیشه آرزو می‌کرد که موقع مناسبی به دست آورده، مشغول ریاضت و کار بشود. بعد هم او و برادرش وارد مدرسهٔ دارالفنون شدند. در آنجا هم میرزا حسینعلی در قسمت عربی و ادبی خیلی قوی شد. برادر کوچکش با افکار او همراه نبود؛ او را مسخره می‌کرد و می‌گفت: «این خیالات به‌جز اینکه در زندگی انسان را عقب بیندازد و جوانی را بی‌خود از دست

بدهد؛ فایده دیگری ندارد.» ولی میرزا حسینعلی توی دلش به‌حرف‌های او می‌خندید؛ فکر او را مادّی و کوچک می‌پنداشت و برعکس در تصمیم خودش بیشتر لجوج می‌شد و به‌واسطهٔ همین اختلاف نظر، بعد از مرگ پدرش از هم جدا شدند. چیزی‌که دوباره فکر او را قوّت داد؛ این بود که در مسافرت اخیرش به کرمان به درویشی برخورد که پس از مصاحباتی، حرف میرزا عبدالله معلّمشان را تأیید کرد و به او وعده دادغ هرگاه در تصوّف کار بکند و به خودش ریاضت بدهد؛ به مدارج عالیه خواهد رسید. این شد که پنج سال بود میرزا حسینعلی کنج انزوا گزیده و در را بر روی خویش و آشنا بسته، مجرّد زندگی می‌نمود و پس از فراغت از معلّمی، قسمت عمدهٔ کار و ریاضت او در خانه‌اش شروع می‌شد.

خانهٔ او کوچک و پاکیزه بود؛ مثل تخم‌مرغ. یک ننه‌آشپز پیر و یک خانه‌شاگرد داشت. از در که وارد می‌شد؛ لباسش را با احتیاط درمی‌آورد؛ به چوب‌رختی آویزان می‌کرد؛ لبّادهٔ خاکستری رنگی می‌پوشید و در کتابخانه‌اش می‌رفت. برای کتابخانه‌اش بزرگترین اطاق خانه را اختصاص داده بود. گوشهٔ آن، پهلوی پنجره یک تشک سفید افتاده بود؛ رویش دو متکّا، جلوی آن یک میز کوتاه، روی آن چند جلد کتاب، با یک بسته کاغذ و قلم و دوات گذاشته شده بود. کتاب‌های روی میز، جلدهایش کارکرده بود و باقی کتاب‌ها بدون قفسه‌بندی در طاقچه‌های اطاق روی هم چیده شده بود.

موضوع این کتاب‌ها عرفان و فلسفهٔ قدیم و تصوّف بود. تنها تفریح و سرگرمی او خواندن همین کتاب‌ها بود که تا نصف شب، جلوی چراغ نفتی پشت میز آنها را زیرورو می‌کرد و می‌خواند. پیش خودش تفسیر می‌کرد و آنچه که به نظرش مشکل یا مشکوک می‌آمد؛ خارج‌نویس می‌نمود تا بعد با شیخ ابوالفضل سر هرکدام مباحثه بکنند. نه اینکه میرزا حسینعلی از دانستن معنی آنها عاجز بود؛ بلکه او بسیاری از عوالم روحی و فلسفی را طی کرده بود و خیلی بهتر از شیخ ابوالفضل به افکار موشکاف و به نکات خیلی دقیق بعضی اشعار صوفیان پی می‌برد؛ آنها را در خودش حس می‌کرد و یک دنیای ماوراء دنیای مادّی در فکر خودش ایجاد کرده بود و همین سبب خودپسندی او شده بود؛ چون او خودش را برتر از سایر مردم می‌دانست و به این برتری خود اطمینان کامل داشت.

میرزا حسینعلی می‌دانست که یک سِرّ و رمزی در دنیا وجود دارد که صوفیان بزرگ به آن پی برده‌اند و این مطلب هم برای او آشکار بود که برای شروع، محتاج مرشد است یا کسی که او را راهنمایی بکند؛ همان‌طوری‌که شیخ عبدالله به او گفته بود: «چون سالک را در بدایت حال، خاطر در تفرقه است؛ باید صورت پیر را در نظر بگیرد که جمعیّت خاطر به هم رسد.»

این شد که پس از جستجوی زیاد شیخ ابوالفضل را پیدا کرد. اگرچه موافق سلیقه او نبود و به جز حکم دادن چیز دیگری نمی‌دانست و به هر مطلب مشکلی که برمی‌خورد؛ مثل اینکه با بچّه رفتار بکنند؛ می‌گفت هنوز زود است؛ بعد شرح خواهیم داد و بالأخره شیخ ابوالفضل تنها چیزی‌که به او

توصیه کرد؛ کشتن نَفس بود. این کار را مقدّم بر همه می‌دانست. یعنی به وسیلهٔ ریاضت بر نفس امّاره غلبه کند و شرحِ مبسوطی، خطابه‌مانند پر از اَعدی عدوّک، احادیث و اشعار که در مقام کشتن نفس حاضر کرده بود؛ برای او خواند. از آن جمله این حدیث که «اَعدی عدوّک، یعنی: دشمن‌ترین دشمن تو، خود توست که در درون توست» و این حدیث دیگر که «جهادک فی هواک» چنان‌که اوحدی گوید: «هر که او نفس کُشت غازی[1] بود.»

و باز در این شعر:

«نفس اگر شوخ شد، خلافش کن تیغِ جهل است در غلافش کن»

و این شعر دیگر:

«نفس خود را بکش نبرد این است منتهای کمال مرد این است»

از جمله چیزهای‌ی که شیخ ابوالفضل در ضمن موعظهٔ خودش گفته بود؛ این بود «که سالکِ مسلکِ عرفان باید مال و منال و جاه و جلال و قدرت و حشمت را خوار شمارد که اعظم دولت‌ها و لذّت‌ها، همانا مطیع کردن نَفس است.

چنان‌که مکتبی گوید:

گر تو بر نَفسِ خود شکست آری دولت جاودان به دست آری

و بدان ای رفیق طریق که اگر یک‌بار به هوای نفس تن فریفته شوی؛ قدم در وادی هلاک نهاده باشی. چنان‌که سنایی فرماید:

---

۱ - جنگجو با دشمن دین.

نَفس تا رنجور داری چاکر درگاه توست
باز چون میریش دادی کم کند چون تو هزار

و نیز شیخ سعدی گوید:

مراد هر که برآری مطیعِ امر تو شد
خلاف نفس که فرمان دهد چو یافت مراد

و مشایخ، طریقت نفس را سگی خوانده‌اند درنده که به زنجیر ریاضت، مقیّد باید داشت و مدام از رها شدن او برحذر باید بود. ولی سالک نباید که به خود غرّه شود و راز نهان را با مردم نادان به میان آرد؛ بلکه لازم باشد که در هر مشکلی با مرشد خود مشورت نماید. چنان‌که خواجه حافظ علیه‌الرّحمه می‌فرماید:

گفت آن یار کزو گشت سر دار بلند
جرمش آن بود که اسرار هویدا می‌کرد»

میرزا حسینعلی از قدیم تمایل مخصوصی به فلسفهٔ هندی و ریاضت داشت و آرزو می‌کرد؛ برای تکمیل معلومات خودش به هندوستان برود و نزد جوکیان و ماهاتماها مشرف شده، اسرار آنها را فرابگیرد. این بود که از این پیشنهاد هیچ تعجّب نکرد؛ بلکه برعکس آن را با ایمان کامل استقبال نمود و همان روز که به خانه برگشت؛ از مثنوی خطّی فال گرفت. اتفاقاً این اشعار آمد:

«نَفس بی‌عهد است، زان‌رو کُشتنی است
او دَنیّ و قبله‌گاه او دَنی است

نَـفـس‌هـا را لایـق اسـت ایـن انـجـمـن
مُـرده را درخـور بُـوَد گـور و کـفـن
نَـفـس اگـر چـه زیـرک اسـت و خـرده‌دان
قـبـلـه‌اش دنـیـاسـت، او را مـرده دان
آب وحـی حـق بـدیـن مـرده رسـیـد
شـد ز خـاک مـرده‌ای زنـده پـدیـد!»

این تفأل سبب شد که میرزا حسینعلی تصمیم قطعی گرفت و همهٔ جدّوجهد خود را مصروف غلبه بر نَفس بهیمی کرد و مشغول ریاضت شد و غریب‌تر از همه اینکه، در آن روز هرچه بیشتر در کتب متصوّفین غور می‌کرد؛ بیشتر فکرش را در این مبارزه تأکید می‌نمود. در رسالهٔ «نور وحدت» نوشته بود: «ای سیّد! چند روزی ریاضتی بر خود می‌باید گرفت و اَنفاس را مصروف این اندیشه باید ساخت؛ تا خیال باطل از میان به در رَوَد و خیال حق به جای آن بنشیند.»

در «کنز الرموزِ» میرحسینی خواند:

«از مـقـام سـرکـشـی بیرون بَـرَش
مـار آمّـاره اسـت، مـی‌زن بـر سـرش»

در کتاب مرصاد العباد نوشته بود:

«بدان‌که سالک چون در مجاهده و ریاضت نفس و تصفیهٔ دل شروع کند؛ بر ملک و ملکوت او را سلوک و عبور پیدا آید و در هر مقام به مناسبت حال او وقایع کشف افتد.»

و در اشعار ناصرخسرو خواند:

«تو داری اژدهایی بر سر گنج
بکُش این اژدها، فارغ شو از رنج
وگر قوتش دهی بدزهره باشی
زگنج بی‌کران بی‌بهره باشی»

همهٔ این ابیات تهدیدآمیز پر از بیم‌وامید که برای کشتن نَفس قلم‌فرسایی شده بود؛ جای شک و تردید برای میرزا حسینعلی باقی نگذاشت که اوّلین قدم در راه سلوک، کشتن نفس بهیمی و اهریمنی است که انسان را از رسیدن به مطلوب بازمی‌دارد. میرزا حسینعلی می‌خواست؛ در آنِ واحد هم به طریق اهلِ نظر و استدلال و هم به طریق اهل ریاضت و مجاهده، نَفس خود را تزکیه کند. تقریباً یک هفته از این بین گذشت؛ ولی چیزی‌که مایهٔ دل‌سردی و ناامیدی او می‌شد؛ شک و تردید بود؛ به‌خصوص پس از دقیق شدن در بعضی اشعار، مانند این شعر حافظ:

«حدیث از مطرب و می گو و راز دهر کمتر جو
که کس نگشود و نگشاید به حکمت این معمّا را!»

و یا:

«هر وقت خوش که دست دهد مغتنم شمار
کس را وقوف نیست که انجام کار چیست»

اگرچه میرزا حسینعلی می‌دانست که کلمات «می»، «ساقی»، «خرابات»، «پیرمغان» و غیره از کنایات و اصطلاحات عُرفاست؛ ولی با وجود این

تعبیر بعضی از رباعیّات خیام برایش خیلی دشوار بود و فکر او را مغشوش می‌کرد:

«کس خلد و جَحیم را ندیده‌ست ای دل
گویی که از آن جهان رسیده‌ست ای دل؟
امّید و هراس ما به چیزی‌ست کزآن
جز نام و نشانه، نه پدیدست ای دل!»

و یا این رباعی:

«خیام اگر ز باده مستی، خوش باش
با لاله‌رخی اگر نشستی، خوش باش
چون عاقبت کار جهان نیستی است
انگار که نیستی، چو هستی خوش باش»

این استادان دعوت به خوشی می‌کردند؛ در صورتی که او از ابتدای جوانی، همهٔ خوشی‌ها را به خودش حرام کرده بود و همین افکار، یک افسوس تلخ از زندگی گذشته‌اش در او تولید کرد. این زندگی که در آن، آن‌قدر گذشت کرده بود؛ به خودش سخت گذرانیده بود و حالا روزهای او به طرز دردناکی صرف جستجوی فکر موهوم می‌شد! دوازده سال بود که به خودش رنج و مشقّت می‌داد؛ از کِیف، از خوشیِ جوانی بی‌بهره مانده بود و اکنون هم دستش خالی بود. این شک و تردید، همهٔ این افکار را به شکل سایه‌های مهیبی درآورده بود که او را دنبال می‌کردند. به‌خصوص شب‌ها در رختخواب سردی که همیشه یکّه و تنها در آن می‌غلتید؛ هرچه

می‌خواست فکرش را متوجّه عوالم روحانی بکند؛ به مجرّدِ اینکه خوابش می‌برد و افکارش تاریک می‌شد؛ صد گونه دیو او را وسوسه می‌کردند. چقدر اتّفاق می‌افتاد که هراسان از خواب می‌پرید و آب سرد به سر و رویش می‌زد. از روز بعد خوراک خودش را کمتر می‌کرد؛ شب‌ها روی کاه می‌خوابید. چه، شیخ ابوالفضل همیشه این شعر را برای او خوانده بود:

«نَفس چون سیر گشت بستیزد
توسن‌آسا به هر سو آلیزد»

میرزا حسینعلی می‌دانست که هرگاه بلغزد؛ همهٔ زحماتش به باد می‌رود؛ از این رو به ریاضت و شکنجهٔ تنش می‌افزود؛ ولی هرچه بیشتر خودش را آزار می‌کرد؛ دیو شهوت بیشتر او را شکنجه می‌نمود تا اینکه تصمیم گرفت؛ برود پیش یگانه رفیق و پیر مرشدش آشیخ ابوالفضل و شرح وقایع را برای او نقل بکند و دستور کلّی از او بگیرد.

همان روز که این خیال برایش آمد نزدیک غروب بود؛ لباسش را عوض کرد؛ دگمه‌های سرداریش را مرتّب انداخت و با گام‌های شمرده به سوی خانهٔ مرشد روانه شد. وقتی‌که رسید؛ دید مردی به حال عصبانی در خانهٔ او ایستاده‌هف فریاد می‌کشید و موهای سرش را می‌کند و بلندبلند می‌گفت:

«به آشیخ بگو، فردا می‌برمت عدلیه. آنجا به من جواب بدهی؛ دختر مرا برای خدمتکاری بردی و هزار بلا سرش آوردی؛ ناخوشش کردی؛ پولش را هم بالا کشیدی. یا باید صیغه‌اش بکنی یا شکمت را پاره می‌کنم. آبروی چندین‌وچند ساله‌ام به باد رفت...»

میرزا حسینعلی دیگر نتوانست طاقت بیاورد؛ جلو رفت و آهسته گفت: «برادر! شما اشتباه کردید. اینجا خانهٔ شیخ ابوالفضل است.»

«همان بی‌همه‌چیز را می‌گویم؛ همان آشیخِ خدانشناس را می‌گویم. من می‌دانم خانه هست؛ اما قایم شده، جرئت دارد بیاید بیرون! آشی برایش بپزم که رویش یک وجب روغن باشد؛ آخر فردا همدیگر را می‌بینیم!»

میرزا حسینعلی چون دید قضیّه جدی است؛ خودش را کنار کشید و آهسته دور شد؛ ولی همین حرف‌ها کافی بود که او را بیدار بکند. آیا راست بود؟! آیا اشتباه نکرده؟ شیخ ابوالفضل که به او کشتن نَفس را قبل از همه‌چیز توصیه می‌کرد؛ آیا خودش نتوانسته در این مجاهده فایق بشود؟ آیا خود او لغزیده و یا او را اسباب دست خودش کرده و گول زده است؟ دانستن این مطلب برای او خیلی مهم بود. اگر راست است؛ آیا همهٔ صوفیان همین‌طور بوده‌اند و چیزهایی می‌گفتند که خودشان باور نداشته‌اند و یا این کار به مرشد او اختصاص دارد و میان پیغمبران، او جرجیس را پیدا کرده؟ آیا در این صورت می‌تواند برود و همهٔ شکنجه‌های روحی و همهٔ بدبختی‌های خودش را برای شیخ ابوالفضل نقل بکند و همین آخوند چند جملهٔ عربی بگوید؛ یک دستوری سخت‌تر بدهد و توی دلش به او بخندد؟ نه، باید همین امشب این سِر را روشن بکند. مدتی در خیابان‌های خلوت دیوانه‌وار گشت زد. بعد داخل جمعیّت شد؛ بدون اینکه به چیزی فکر بکند. میان همین جمعیّتی که پست می‌شمرد و مادّی می‌دانست؛ آهسته راه می‌رفت. زندگی مادی و معمولی آنها را در خودش حس می‌کرد و میل داشت که

مدت‌ها مابین آنها راه برود؛ ولی دوباره مثل اینکه تصمیم ناگهانی گرفت؛ به طرف خانهٔ شیخ ابوالفضل برگشت. این دفعه دیگر کسی آنجا نبود. در زد و به زنی که پشت در آمد؛ اسم خودش را گفت. مدتی طول کشید تا در را به روی او باز کردند. وارد اطاق که شد؛ دید شیخ ابوالفضل با چشم‌های لوچ، صورت آبله‌رو و ریش حنایی، مثل مربّای آلو روی گلیم نشسته، تسبیح می‌گرداند و چند جلد کتاب پهلویش باز بود. همین‌که او را دید؛ نیم‌خیز بلند شد و گفت یا الله و سینه‌اش را صاف کرد. جلوی او یک دستمال باز بود. در آن قدری نان خشک شده و یک پیاز بود. رو کرد به او گفت: «بفرمایید جلو، یک شب را هم با فقرا شام بخورید!»

«نه، خیلی متشکرم... ببخشید اگر اسباب زحمت شدم. از این نزدیکی می‌گذشتم فقط آمدم.»

«خیر، چه فرمایشاتی، خانه متعلق به خودتان است.»

میرزا حسینعلی خواست چیزی بگوید؛ ولی در همین وقت صدای داد و غوغا بلند شد و گربه‌ای میان اطاق پرید که یک کباب پخته به دهنش گرفته بود و زنی دنبال آن پیشت، پیشت می‌کرد. میرزا حسینعلی دید که شیخ ابوالفضل یک‌مرتبه عبایش را انداخت؛ با پیراهن و زیرشلواری دست کرد چماقی را از گوشهٔ اطاق برداشت؛ مانند دیوانه‌ها دنبال گربه دوید. میرزا حسینعلی از این پیش‌آمد حرفش را فراموش کرد و به جای خودش خشکش زده بود. تا اینکه بعد از یک ربع، شیخ با صورت برافروخته نفس‌زنان وارد اطاق شد و گفت: «می‌دانید؛ گربه از هفتصد دینار که بیشتر ضرر بزند؛ شرعاً کشتنش واجب است.»

میرزا حسینعلی دیگر برایش شکی باقی نماند که این شخص، یک نفر آدم خیلی معمولی است و آنچه که آن مرد در خانه‌اش به او نسبت می‌داد؛ کاملاً راست است. بلند شد و گفت: «ببخشید، اگر مزاحم شدم... با اجازهٔ شما مرخّص می‌شوم.»

شیخ ابوالفضل تا در اطاق از او مشایعت کرد. همین که در کوچه رسید؛ نفس راحتی کشید. حالا دیگر برایش مسلّم بود؛ حریف خودش را می‌شناخت و فهمید که همهٔ این دم‌ودستگاه و دوزوکلک‌های شیخ برای خاطر او بوده. کبک می‌خورده، آن وقت به شیوهٔ عُمَر روبه‌روی خودش در سفره نان خشک و پنیر کپک‌زده و یا پیاز خشکیده می‌گذاشته، تا مردم را گول بزند. به او دستور می‌دهد که روزی یک بادام بخورد. خودش خدمتکار خانه را آبستن می‌کند و با آب‌وتاب این شعر عطّار را برایش می‌خواند:

«از طعام بد بپرهیز ای پسر!
همچو دَد کم باش خون‌ریز ای پسر!
نَفس را از روزه اندر بند دار
مرد را از لقمه‌ای خرسند دار
روزه‌ای می‌دار چون مردان مرد
نفس خود را از همه می‌دار فرد
نی همین از اَکل او را بازدار
بلکه نگذارش به فکر هیچ کار»

هوا تاریک بود. میرزا حسینعلی دوباره داخل مردم شد؛ مانند بچه‌ای که در جمعیّت گم بشود. مدتی بدون اراده در کوچه‌های شلوغ و غبارآلود راه رفت. جلوی روشنایی چراغ صورت‌ها را نگاه می‌کرد؛ همهٔ این صورت‌ها گرفته و غمگین بود. سر او تهی و عقده‌ای در دل داشت که بزرگ شده بود. این مردمی که به نظر او پست بودند؛ پای‌بند شکم و شهوت خودشان بودند و پول جمع می‌کردند؛ حالا آنها را از خودش عاقل‌تر و بزرگ‌تر می‌دانست و آرزو می‌کرد که به جای یکی از آنها باشد. ولی با خودش می‌گفت: «که می‌داند؟ شاید بدبخت‌تر از او هم میان آنها باشد». آیا او می‌توانست به ظاهر حکم بکند؟ آیا گدای سر گذر با یک قران خوشبخت‌تر از ثروتمندترین اشخاص نمی‌شد؟ درصورتی‌که تمام پول‌های دنیا نمی‌توانست؛ از دردهای درونی میرزا حسینعلی چیزی بکاهد.

همهٔ کابوس‌های هراسناکی که اغلب به او روی می‌آورد؛ این‌دفعه سخت‌تر و تندتر به او هجوم‌آور شده بود. به نظرش آمد که زندگی او بیهوده به سر رفته. یادگارهای شوریده و در هم سی سال، از جلوش می‌گذشت. خودش را بدبخت‌ترین و بی‌فایده‌ترین جانوران حس کرد. دوره‌های زندگی او از پشت ابرهای سیاه و تاریک هویدا می‌شد؛ برخی از تکّه‌های آن ناگهان می‌درخشید؛ بعد در پس پرده پنهان می‌گشت. همهٔ آنها یکنواخت، خسته‌کننده و جان‌گداز بود. گاهی یک خوشی پوچ و کوتاه مانند برقی که از روی ابرهای تیره بگذرد؛ به‌چشم او همه‌اش پست و بیهوده بود. چه کشمکش‌های پوچی! چه دوندگی‌های جفنگی! از خودش می‌پرسید و لب‌هایش را می‌گزید. در گوشه‌نشینی و تاریکی، جوانی او بیهوده گذشته

بود؛ بدون خوشی، بدون شادی، بدون عشق، از همه‌کس و از خودش بیزار. آیا چقدر از مردمان، گاهی خودشان را از پرنده‌ای که در تاریکی شب‌ها ناله می‌کشد؛ گم‌گشته‌تر و آواره‌تر حس می‌کنند؟ او دیگر هیچ عقیده‌ای را نمی‌توانست باور کند. این ملاقات او با شیخ ابوالفضل خیلی گران تمام شد؛ زیرا همهٔ افکار او را زیرورو کرد. او خسته، تشنه و یک دیو یا اژدها در او بیدار شده بود که او را پیوسته مجروح و مسموم می‌کرد. در این وقت، اتومبیلی از پهلویش گذشت و جلوی چراغ آن صورت عصبانی، لب‌های لرزان، چشم‌های باز و بی‌حالت او به طرز ترسناکی روشن شد. نگاه او در فضا گم شده بود؛ دهن نیمه‌باز مانند این بود که به یک چیز دوردست می‌خندید و فشاری در ته مغز خودش حس می‌کرد که از آنجا تا زیر پیشانی و شقیقه‌هایش می‌آمد و میان ابروهای او را چین انداخته بود.

میرزا حسینعلی دردهای مافوق بشر حس کرده بود. ساعت‌های نومیدی، ساعت‌های خوشی، سرگردانی و بدبختی را می‌شناخت و دردهای فلسفی را که برای تودهٔ مردم وجود خارجی ندارد؛ می‌دانست؛ ولی حالا خودش را بی‌اندازه تنها و گم‌گشته حس می‌کرد. سرتاسر زندگی برایش مسخره و دروغ شده بود. با خودش می‌گفت: «از حاصل عمر چیست در دستم؟ هیچ!»

این شعر بیشتر او را دیوانه می‌کرد. مهتاب کم‌رنگی از پشت ابرها بیرون آمده بود؛ ولی او توی سایه رد می‌شد. این مهتاب که پیش‌تر برای او آن‌قدر افسون‌گر و مرموز بود و ساعت‌های دراز در بیرون دروازه با ماه رازونیاز می‌کرد؛ حالا یک روشنایی سرد و لوس و بی‌معنی بود که او را عصبانی

می‌کرد. یاد روزهای گرم، ساعت‌های دراز درس افتاد؛ یاد جوانی خودش افتاد که وقتی همهٔ هم‌سال‌های او مشغول عیش‌ونوش بودند؛ او با چند نفر طلبه روزهای تابستان را عرق می‌ریخت و کتاب صرف‌ونحو می‌خواند. بعد هم می‌رفتند؛ به مجلس مباحثه با مدرسّشان شیخ محمدتقی که با زیرشلواری چنباتمه می‌نشست؛ یک کاسه آب‌یخ روبه‌رویش بود؛ خودش را باد می‌زد و سر یک لغت عربی که زیروزبرش را اشتباه می‌کردند فریاد می‌کشید؛ همهٔ رگ‌های گردنش بلند می‌شد؛ مثل اینکه دنیا آخر شده است.

در این وقت خیابان‌ها خلوت بود و دکان‌ها را بسته بودند. وارد خیابان علاءالدوله که شد؛ صدای موزیک چُرت او را پاره کرد. بالای در آبی‌رنگی جلوی روشنایی چراغ برق خواند «ماکسیم». بدون تأمل پرید جلو آن را پس زد؛ وارد شد و رفت کنار میز، روی صندلی نشست.

میرزا حسینعلی چون عادت به کافه نداشت و تاکنون پایش را به این‌جور جاها نگذاشته بود؛ مات دور خود را نگاه می‌کرد. دود سیگار، بوی کلم و گوشت سرخ‌کرده در هوا پیچیده بود. مرد کوتاهی با سبیل کلفت و دست بالازده پشت میز نوشگاه ایستاده، با چرتکه حساب می‌کرد. یک رج بُتری پهلوی او چیده بود. کمی دورتر زن چاقی پیانو می‌زد و مرد لاغری پهلویش ویلن می‌زد. مشتری‌های مست از روسی و قفقازی با شکل‌های عجیب‌وغریب دور میزها نشسته بودند. در این بین، زن نسبتاً خوشگلی

که لهجهٔ خارجی داشت؛ جلو میز او آمد و با لبخند گفت: «عزیزم، به من یک گیلاس شراب نمی‌دهی؟»

«بفرمایید.»

آن زن بدون تأمّل پیشخدمت را صدا زد و اسم شرابی که او نشنیده بود؛ دستور داد. پیشخدمت بطری شراب را با دو گیلاس روبه‌روی آنها گذاشت؛ آن زن ریخت و به او تعارف کرد. میرزا حسینعلی با اکراه گیلاس اول را سر کشید؛ تنش گرم شد؛ افکارش به هم آمیخته شد. آن زن گیلاس پشت گیلاس به او شراب می‌نوشاند. نالهٔ سوزناکی از روی سیم ویلن درمی‌آمد؛ میرزا حسینعلی حالت آزادی و خوشی مخصوصی در خودش حس می‌کرد. به یاد آن همه مدح و ستایش شراب افتاد که در اشعار متصوّفین خوانده بود. جلوی روشنایی بی‌رحم چراغ، چین‌های پای چشم زنی که پهلوی او نشسته بود؛ می‌دید. بعد از این‌همه خودداری که کرده بود؛ حالا شرابی زرد و ترش‌مزّه و یک زن پر از بزک کنفت شده، دستمالی شده، با موهای زبر سیاه، قسمتش شده بود؛ ولی او از این‌ها بیشتر کیف می‌کرد؛ چون به‌واسطهٔ تغییر روحیه و استحالهٔ مخصوصی، می‌خواست خودش را پست کند و بهتر نتیجهٔ همهٔ دردهای خودش را خراب و پایمال بنماید. او از اوج افکار عالیه می‌خواست؛ خودش را در تاریک‌ترین لذّات پرت کند. می‌خواست مضحکهٔ مردم بشود؛ به او بخندند. می‌خواست در دیوانگی راه فراری برای خودش پیدا کند. در این ساعت، خودش را لایق و شایستهٔ هرگونه دیوانگی می‌دید. زیرِ لب با خودش می‌گفت:

«هنگامِ تنگدستی، در عیش کوش و مَستی
کاین کیمیای هستی، قارون کند گدا را!»

زن گرجی که جلوی او بود می‌خندید. میرزا حسینعلی آنچه که در مدح می و باده در اشعار صوفیانه خوانده بود؛ جلوی نظرش جلوه‌گر شد. همهٔ آنها را حس می‌کرد و همهٔ رموز و اسرار صورت این زن را که روبه‌رویش نشسته بود؛ آشکار می‌خواند. در این ساعت او خوشبخت بود؛ زیرا به آنچه که آرزو می‌کرد؛ رسیده بود و از پشت بخار لطیف شراب، آنچه که تصوّرش را نمی‌توانست بکند دید. آنچه که شیخ ابوالفضل در خواب هم نمی‌توانست ببیند و آنچه که سایر مردم هم نمی‌توانستند پی ببرند و یک دنیایِ دیگری پر از اسرار به او ظاهر شد و فهمید؛ آنهایی که این عالم را محکوم کرده بودند؛ همهٔ لغات و تشبیهات و کنایات خودشان را از آن گرفته‌اند.

وقتی که میرزا حسینعلی بلند شد حسابش را بپردازد؛ نمی‌توانست سر پا بایستد. کیف پولش را درآورد؛ به آن زن داد و دست‌به‌گردن از میکدهٔ ماکسیم بیرون رفتند. توی درشکه، میرزا حسینعلی سرش را روی سینهٔ آن زن گذاشته بود. بوی سفیداب او را حس می‌کرد؛ دنیا جلوی چشمش چرخ می‌زد؛ روشنایی چراغ‌ها جلوش می‌رقصیدند. آن زن با لهجهٔ گرجی آواز سوزناکی می‌خواند.

در خانهٔ میرزا حسینعلی درشکه ایستاد؛ با آن زن داخل خانه شد؛ ولی دیگر نرفت به سراغ تلّ کاهی که شب‌ها رویش می‌خوابید و او را برد؛ روی همان تشک سفید که در کتابخانه‌اش افتاده بود.

دو روز گذشت و میرزا حسینعلی سر کارش به مدرسه نرفت. روز سوم در روزنامه نوشتند: «آقای میرزا حسینعلی، از معلّمین جوان جدّی، به علت نامعلومی انتحار کرده است.»

محلِّل

چهار ساعت به غروب مانده، پس قلعه در میان کوه‌ها سوت‌وکور مانده بود. جلو قهوه‌خانهٔ کوچکی تنگ‌های دوغ و شربت و لیوان‌های رنگ‌به‌رنگ روی میز چیده بودند. یک گرامافون فکسنی با صفحه‌های جگرخراشش آنجا روی سکو بود. قهوه‌چی با آستین بالازده، سماور مسوار را تکان داد؛ تفالهٔ چایی را دور ریخت؛ بعد پیت خالی بنزین را که دستهٔ مفتولی به آن انداخته بودند؛ برداشته به سمت رودخانه رفت.

آفتاب می‌تابید؛ از پایین صدای زمزمهٔ یکنواخت آب که در ته رودخانه روی هم می‌غلتید و حالت تر و تازه به آنجا داده بود؛ شنیده می‌شد. روی یکی از نیمکت‌های جلو قهوه‌خانه، مردی با لنگ نم‌زده روی صورتش دراز کشیده و آجیده‌هایش را جفت کرده، پهلویش گذاشته بود. روی نیمکت قرینهٔ آن، زیر سایهٔ درخت توت، دو نفر پهلوی هم نشسته و بدون مقدّمه دل داده و قلبه گرفته بودند. به‌طوری چانه‌شان گرم شده بود که به نظر می‌آمد؛ سال‌هاست یکدیگر را می‌شناسند.

مشهدی شهباز لاغر، مافنگی با سبیل کلفت و ابروهای به‌هم‌پیوسته گوشهٔ نیمکت کز کرده، دست حنابسته‌اش را تکان می‌داد و می‌گفت:

«دیروز رفته بودم مرغ‌محله (مغ‌محله؟) پیش پسرداییم؛ آنجا یک باغچه دارد. می‌گفت پارسال سی تومان مُک، آلوچه زردآلوی باغش را فروخت. امسال سرما زده، همهٔ سردرختی‌ها ریخته، به یک حال وزاریاتی بود. زنش هم بعد از ماه مبارک تا حالا ناخوش بستری افتاده، کلّی مخارج روی دستش گذاشته.»

آمیرزا یدالله عینکش را جابه‌جا کرد؛ با تفنّن چُپُق می‌کشید. ریش جوگندمیش را خاراند و گفت: «اصلا خیر و برکت از همهٔ چیزها رفته.»

شهباز سرش را از روی تصدیق تکان داد و گفت:

«قربان دهنت. انگار دورهٔ آخر زمان است. رسم زمانه برگشته. خدا قسمت بکند؛ بیست‌وپنج سال پیش در خراسان مجاور بودم. روغن یک من دو عباسی بود؛ تخم‌مرغ می‌دادند ده تا صد دینار. نان سنگک می‌خریدیم به بلندی یک آدم. کی غصّهٔ بی‌پولی داشت؟ خدا بیامرزد پدرم را، یک الاغ بندری خریده بود. با هم دو تَرکه سوار می‌شدیم. من بیست سالم بود؛ توی کوچه با بچّه‌های محلّه‌مان تیله‌بازی می‌کردم. حالا همهٔ جوان‌ها از دل و دماغ می‌افتند؛ از غورگی مویز می‌شوند؛ باز هم قربان دورهٔ خودمان، به قولی آن خدا بیامرز؛ اگر پیرم و می‌لرزم به صد ناجوان می‌ارزم.»

یدالله پُک زد به چپقش، گفت: «سال به‌سال دریغ از پارسال!»

شهباز گفت: «خدا همهٔ بنده‌های خودش را عاقبت‌بخیر کند.»

یدالله قیافهٔ جدّی به خودش گرفت: «به جان خودت یک وقت بود؛ در خانه‌مان سی نفر نان‌خور داشتیم. حالا فکری‌ام روزی یک ریال پول توتون و چایی‌ام را از کجا گیر بیاورم. دو سال پیش، سه جا معلّمی می‌کردم؛ ماهی هشت تومان درمی‌آوردم. همین پریروز که عید قربان بود؛ رفتم خانهٔ یکی از اعیان که پیش‌تر معلّم سرخانه بودم. به من گفتند که بروم دعا برای گوسفند بخوانم. قصّاب بی‌مروّت، حیوان زبان‌بسته را بلند کرد؛ به زمین کوبید. داشت کاردش را تیز می‌کرد؛ حیوان تقلّا کرد؛ از زیر پایش بلند شد؛ نمی‌دانم چه روی زمین بود؛ دیدم چشمش ترکیده ازش خون می‌ریخت. دلم مالش رفت. به بهانهٔ سردرد برگشتم. همه شب هی کلّهٔ خون‌آلود گوسفند جلو چشمم می‌آمد. آن وقت از دهنم دررفت؛ کفر گفتم؛ کفر خیال کردم... . نه زبانم لال، در خوبی خدا که شکی نیست؛ اما این جانوران زبان‌بسته، گناه دارد. خدایا! پروردگارا! تو خودت بهتر می‌دانی؛ هرچه باشد انسان محل نسیان است.

آمیرزا یدالله لختی به فکر فرورفت؛ دوباره گفت: «آره، اگر می‌توانستم هرچه تو دلم هست بگویم...! آخر نمی‌شود همه‌چیز را گفت. استغفرالله زبانم لال.»

شهباز مثل اینکه حوصله‌اش سررفت؛ گفت: «برو فکر نان کن؛ خربزه آب است.»

میرزا یدالله با بی‌میلی گفت: «آره، از دست ما چه برمی‌آید؟ از اوّل دنیا همین‌طور بوده.»

شهباز گفت: «ما دیگر ازمان گذشته، به قولِ مردم پاتیلمان دررفته، از بی‌کفنی زنده مانده‌ایم. چه حقّه‌هایی که در این دنیای دون نزدیم؛ یک‌وقت تهران دکان بقّالی داشتم. خرج دررفته روزی شش قران پس‌انداز می‌کردم.»

میرزا یدالله حرفش را برید: «بقّال بودی؟ من از بقّال جماعت خوشم نمی‌آید.»

«چرا؟»

«قصّه‌اش دراز است؛ حالا تو اوّل حرفت را تمام بکن.»

شهباز دنبالهٔ سخن را گرفت: «بله، دکان بقّالی داشتم. امرم می‌گذشت؛ کم‌کم یک خانه و لانه‌ای برای خودمان دست‌وپا کردیم؛ چه دردسرتان بدهم؛ آن وقت یک پتیاره‌ای پیدا شد؛ الان پنج سال است که زنم مرا به خاک سیاه نشانده. این زن نبود؛ آتشپاره بود. تازه با خون دل آمده بودم سروسامانی بگیرم؛ هرچه ریشته بودم پنبه کرد؛ مَخلَص کلوم، والدهٔ احمد یک شب از پای وعظ برگشت؛ پاهایش را توی یک کفش کرد که: 'حضرت مرا طلبیده، باید بروم استخوانم را سبک بکنم' پیسی‌ای به سرم درآورد که نگو و نشنو... . مرا بگو که عقلم را دادم دست این زن! هرچه باشد؛ آدمیزاد شیر خام خورده. من همان آدمی بودم که از سبیل‌هایم خون می‌چکید. یک زن عقلم را دزدید...

خدا نکند که زن زیر جلد آدم برود. همان شب می‌گفت: 'این چیزها سرم نمی‌شود؛ مهرم حلال، جانم آزاد. خودم یک النگو با گردن‌بند دارم؛ آنها را می‌فروشم می‌رود... استخاره هم کرده‌ام خوب آمده. یا طلاقم بده یا به همین سوی چراغ بچّه‌ات را خفه می‌کنم.' آقا هرچه کردم؛ مگر حریفش شدم؟

دو هفته تو روی من نگاه نکرد. آن‌قدر کرد؛ کرد که هرچه داشتم فروختم. پول جرینگه کردم دادم به دستش، پسر دو ساله‌ام را برداشت و رفت آنجا که عرب نی بیندازد. تا حالا که پنج سال است رفته، نمی‌دانم چه به سرش آمده.»

میرزا یدالله گفت: «خدا کند که از شرّ عرب‌ها محفوظ باشد.»

«آره، میان عرب‌های لختی زبان نفهم، این عمری‌ها، بیابان برهود، آفتاب سوزان! انگار که آب شد به زمین فرورفت. دریغ از یک انگشت کاغذ. راست می‌گویند که زن یک دنده‌اش کم است.»

میرزا یدالله گفت: «تقصیر مردها است که آنها را این‌جور بار می‌آورند و نمی‌گذارند؛ چشم و گوششان باز بشود.»

شهباز گرم صحبت خودش بود: «چیزی که غریب است؛ این زن اصلا خل‌وچل بود. نمی‌دانم چطور شد که یک‌مرتبه آتشی شد؛ گاهی تنهایی گریه می‌کرد؛ کاش برای شوهر اولش بود...»

میرزا یدالله پرسید: «مگر تو شوهر دومیش بودی؟»

«دیگر بله، چی می‌گفتم؟ حرفم یادم رفت.»

«شوهر اوّلیش گفتی.»

«بله، اوّل خیال می‌کردم که برای شوهر اوّلیش بوده... . در هر صورت هرچه به زبان خوش خواستم حالیش بکنم؛ انگاری که با دیوار حرف بزنم؛ مثل چیزی که اجل پس گردنش زده بود؛ نمی‌دانم چه به سر پسرم آورد. آیا روزی

می‌آید که چشمم تو چشمش بیفتد؟ پسری که بعد از این همه نذرونیاز خدا به من داد.»

میرزا یدالله گفت: «هرکسی را نگاه بکنی؛ یک بدبختی دارد. لُبّ کلام آن است که مردم باید آدم بشوند؛ باسواد بشوند. آخر تا آنها خر هستند؛ ما هم سوارشان می‌شویم. یک وقت بود؛ خودم بالای منبر می‌گفتم: هرکس یک سفر به عتبات برود؛ آمرزیده می‌شود و جایش در بهشت خواهد بود.»

شهباز: «شما که از علما نیستید؟»

«این حکایت مال دوازده سال پیش است؛ می‌بینی که معمّم نیستم. حالا همه‌کاره‌ام و هیچ‌کاره.»

«چطور؟ من نمی‌فهمم.»

میرزا یدالله زبان را دور دهنش گردانید و با حالت افسرده گفت:

«زندگانی مرا هم یک زن خراب کرد.»

شهباز: «امان از دست زن!»

«نه، این دخلی به زن ندارد. این بدبختی دست خودم است. اگر تهران بودی؛ لابد اسم آبَوی را شنیده‌ای... ما از زیر بتّه درنیامده‌ایم. پدرم از آنهایی بود که نعلین جلو پایش جفت می‌شد. اسمش را که می‌بردند؛ یکی می‌گفتند و صد تا از دهنشان می‌ریخت. وقتی بالای منبر می‌رفت؛ جا نبود که سوزن بیندازی. همهٔ کلّه‌گنده‌ها ازش حساب می‌بردند. مقصودم این نیست که بی‌خودی قمپز دربکنم. چون آن مرحوم هرچه بود؛ برای خودش بود.

گیرم پدر تو بود فاضل — از فضل پدر تو را چه حاصل؟

«به‌هرحال بعد از فوت مرحوم ابوی، من جانشین او شدم و در خانه را باز کردم. خوب، یک خانه با یک مشت خرت‌وخورت هم برایمان گذاشت. خودم هنوز طلبه بودم و ماهی چهار تومان با پنج من گندم مستمری داشتم؛ به اضافه ماه محرّم و صفر نانمان توی روغن بود. یک لفت‌ولیسی می‌کردیم. چون معروف بود که نفس مرحوم ابوی مجرّب است. یک شب مرا سر بالین ناخوشی بردند تا دعا بدهم. دیدم دختر هشت یا نه ساله‌ای در آن میان می‌پلکید. آقا به یک نظر گلویمان پیش او گیر کرد. جوانی است و هزار چم‌وخم...

«پیش از او دو تا صیغه داشتم که هر دو را مطلّقه کرده بودم؛ ولی این چیز دیگری بود. می‌گویند که لیلی را به چشم مجنون باید دید. باری دو روز بعد، یک دستمال آجیل آچار و سه تومان پول نقد فرستادم؛ عقدش کردم. شب که او را آوردند؛ آن‌قدر کوچک بود که بغلش کرده بودند. من از خودم خجالت کشیدم. از شما چه پنهان، این دختر تا سه روز مرا که می‌دید؛ مثل جوجه می‌لرزید. حالا من که سی سالم بود؛ جوان و جاهل بودم. اما آن مردهای هفتاد ساله را بگو که با هزار جور ناخوشی، دختر نه ساله می‌گیرند.

«خوب بچّه چه سرش می‌شود که عروسی چیست؟ به خیالش چارقد پولکی سرش می‌کنند؛ رخت نو می‌پوشد و در خانهٔ پدر که کتک خورده و فحش شنیده، شوهر او را ناز و نوازش می‌کند و روی سرش می‌گذارد؛ ولی نمی‌داند که خانهٔ شوهر برایش دیگ حلوا بار نگذاشته‌اند.

«به‌هرحال من آن‌قدر زحمت کشیدم تا او را رام کردم. شب اوّل از من می‌ترسید. گریه می‌کرد. من قربان‌صدقه‌اش می‌رفتم؛ می‌گفتم: 'بالای غیرتت آبروی ما را به باد نده؛ خوب تو آن بالای اطاق بخواب من این پایین'. چون دلم برایش می‌سوخت. خیلی خودداری کردم که به جبر با او رفتار نکردم؛ وانگهی دیگر چشم و دلم سیر بود و کارکشته شده بودم. به هر صورت او هم نصیحت ما را به گوش گرفت.

«شب اوّل برایش یک قصّه نقل کردم؛ خوابش برد.

«شب دوم یک قصّهٔ دیگر شروع کردم و نصفش را برای شب بعد گذاشتم.

«شب سوم، هیچ نگفتم. تا اینکه یارو ب‌ه صدا درآمد و گفت: 'تا آنجا که ملک جمشید رفت به شکار، پس باقیش را چرا نمی‌گویی؟' مرا می‌گویی؛ از ذوق توی پوست خودم نمی‌گنجیدم؛ گفتم: 'امشب سرم درد می‌کند. صدایم نمی‌رسد؛ اگر اجازه بدهید بیایم جلوتر'. به همین شیوه رفتم جلوتر، رفتم جلوتر تا اینکه رام شد.»

شهباز خنده‌اش گرفت. خواست چیزی بگوید؛ اما صورت جدّی و چشم‌های اشک‌آلود میرزا یدالله را که از پشت شیشهٔ عینک دید؛ خودداری کرد.

میرزا یدالله با حرارت مخصوصی می‌گفت: «این حکایت دوازده سال پیش است؛ دوازده سال! نمی‌دانی چه زنی بود؛ سرجور، دلجور، به همهٔ کارهایم رسیدگی می‌کرد. آخ، حالا که یادم می‌افتد... همیشه گوشهٔ چادر نماز به دندانش بود. رخت‌ها را با دست‌های کوچکش می‌شست؛ روی بند

می‌انداخت. پیراهن و جورابم را وصله می‌زد. دیزی بار می‌گذاشت. دست زیر بال خواهرم می‌کرد؛ چقدر خوش‌سلوک، چقدر مهربان! همه را فریفتهٔ اخلاق خودش کرده بود. چه هوشی داشت؟ من خواندن و نوشتن را به او یاد دادم. سر دو ماه قرآن می‌خواند. اشعار شیخ را از بر می‌کرد؛ سه سال با هم سر کردیم که الذّ اوقات زندگی من است. دست بر قضا در همین اوان بود که وکیل بیوه‌میوه‌ای شدم که بی‌پول نبود. خودش هم آب و رنگی داشت. آقا برایش دندان تیز کردیم. تا اینکه به خیال افتادم او را به حبالهٔ نکاح دربیاورم. نمی‌دانم کدام خدانشناس خبرش را برای زنم آورد. آقا روز بد نبینی؛ این زن که ظاهراً خل‌وضع به نظر می‌آمد؛ نمی‌دانستم آن‌قدر حسود است. هرچه به زبان خوش خواستم سرش را شیره بمالم؛ مگر حریفش شدم؟ با وجود اینکه از بابت حق‌الوکاله، مقدار وجهی آن ضعیفه به من بدهکار بود؛ از این کار صرف‌نظر کردم و میانه‌مان پاک به هم خورد؛ ولی نمی‌دانی یک ماه این زن چه به روز من آورد!

«شاید دیوانه شده بود یا چیزخورش کرده بودند؛ به‌کلّی عوض شد. دستش را به کمرش زد و حرف‌هایی بار من کرد که تو قوطی هیچ عطّاری پیدا نمی‌شد. می‌گفت: 'الهی عینکت را روی نعشت بگذارند؛ عمامهٔ پرمکرت را دور گردنت بپیچند. از همان روز اوّل فهمیدم که تو تیکهٔ من نیستی. روح آن بابای قرمساقم بسوزد که مرا به تو داد. من یک‌وقت چشمم را باز کردم دیدم؛ توی بغل تو قرمساقم. سه سال آزگار است که با گدایی تو ساخته‌ام. این هم دستمزدم بود؟ خدا سروکار آدم را با آدم‌های بی‌غیرت نیندازد. داغ پشت دستم گذاشتم؛ زور که نیست؟ دیگر با تو نمی‌توانم زندگی بکنم. مهرم

حلال، جانم آزاد. به همین سوی چراغ می‌روم... می‌روم بَست می‌نشینم. همین الان. همین الان.[۱]

«آن‌قدر گفت؛ گفت که من از جا دررفتم. جلو چشمم تیره و تار شد. همین‌طور که سر شام نشسته بودم؛ ظرف‌ها را برداشتم پاشیدم میان حیاط، سر شب بود. پا شدیم با هم رفتیم به حجرهٔ آشیخ مهدی در حضور او زنم را سه‌طلاقه کردم».

دست روی دستش می‌زد: «فردایش پشیمان شدم؛ ولی چه فایده که پشیمانی سودی نداشت و زنم به من حرام شده بود. تا چند روز مثل دیوانه‌ها در کوچه و بازار پرسه می‌زدم. اگر آشنایی به من برمی‌خورد از حواس‌پرتی سلامش را نمی‌گرفتم.

«بعد از این زن، دیگر من روی خوشی به خودم ندیدم. یک دقیقه صورتش از جلو چشمم رد نمی‌شد؛ نه خواب داشتم و نه خوراک. نمی‌توانستم در خانه‌مان بند بشوم. در و دیوار به من فحش می‌داد. دو ماه ناخوش بستری شدم. توی هذیان همه‌اش اسم او را می‌آوردم. بعد هم کم‌رمقی پیدا کردم؛ معلوم بود اگر لب تر می‌کردم؛ صد تا دختر پیشکشم می‌کردند؛ اما او چیز دیگری بود. بالأخره عزمم را جزم کردم تا به هر وسیله‌ای که شده، دوباره او را بگیرم. عِدّهٔ او سر آمد. رفتم این در بزن؛ آن در بزن. دیدم هیچ فایده‌ای ندارد. هرچه جُل‌وپلاس، کتاب‌پاره و ته خانه برایم مانده بود فروختم. هجده تومان پول درست کردم. چاره‌ای نداشتم؛ مگر اینکه یک نفر محلِّل پیدا

بکنم که زنم را برای خودش عقد بکند؛ بعد طلاقش بدهد تا دوباره بعد از انقضای سه ماه و ده روز بتوانم او را بگیرم.

«یک بقال الدنگ پفیوزی در محلّه‌مان بود که هفت تا سگ صورتش را می‌لیسید؛ سیر می‌شد. از آنهایی بود که برای یک پیاز سر می‌برید. رفتم با او ساخت‌وپاخت کردم که ربابه را عقد بکند؛ بعد او را طلاق بدهد و من همهٔ مخارج را به اضافهٔ پنج تومان به او بدهم. او هم قبول کرد. گول مردم را نباید خورد. همین مردکه، همین پفیوز...»

شهباز با رنگ پریده، صورتش را در دو دستش پنهان کرد و گفت: «بقّال بود؟ اسمش چه بود؟ چه بقّالی بود؟ مال کدام محله؟ نه... نه... هیچ همچنین چیزی نمی‌شود...»

ولی میرزا یدالله به‌طوری گرم صحبت بود و پیش‌آمدها جلو چشمش مجسّم شده بود که دنبال حرفش را قطع نکرد: «همان مردکهٔ بقّال زنم را عقد کرد. نمی‌دانی چه حالی شدم. زنی که سه سال مال من بود؛ اگر کسی اسمش را به زبان می‌آورد؛ شکمش را پاره می‌کردم. درست فکر کن حالا باید به دست خودم، همسر این مردکهٔ گردن‌کلفت بشود. با خودم گفتم؛ شاید این انتقام صیغه‌هایم است که با چشم گریان طلاق دادم. باری فردا صبح زود رفتم در خانهٔ بقّال. یک ساعت مرا سرپا معطّل کرد که یک قرن به من گذشت. وقتی که آمد به او گفتم: 'الوعده وفا. ربابه را طلاق بده؛ پنج تومان پیش من داری'. هنوز صورت شیطانی‌اش جلو چشمم هست؛ خندید و گفت: 'زنم است؛ یک موش را نمی‌دهم؛ هزار تومان بگیرم. چنان برق از چشمم پرید.'»

شهباز می‌لرزید و گفت: «نه، هیچ همچین چیزی نمی‌شود. راستش را بگو... اوه...»

میرزا یدالله گفت: «حالا دیدی حق به جانب من بود؟ حالا فهمیدی چرا از بقّال‌جماعت بیزارم؟ وقتی که گفت یک مویش را نمی‌دهم هزار تومان بگیرم؛ فهمیدم می‌خواهد بیشتر پول بگیرد؛ ولی کی فرصت چانه زدن داشت؟ نمی‌دانی کجای آدم می‌سوزد. دود از کلّه‌ام بلند شد. به اندازه‌ای حالم منقلب بود؛ به‌قدری از زندگی بیزار شده بودم که دیگر جوابش را ندادم. یک نگاه به او کردم که از هر فحشی بدتر بود. از همان راه رفتم بازار سمسارها. عبا و ردایم را فروختم؛ یک قبای قدک خریدم. کلاه نمدی سرم گذاشتم. گیوه‌هایم را ورکشیدم؛ راه افتادم. از آن‌وقت تا حالا سلندر[1] و حیران از این شهر به آن شهر، از این ده به آن ده می‌روم. دوازده سال آزگار دیگر نمی‌توانم در یک جا بمانم. گاهی نقّالی می‌کنم؛ گاهی معلّمی. برای مردم کاغذ می‌نویسم؛ در قهوه‌خانه‌ها شاهنامه می‌خوانم؛ نی می‌زنم؛ خوشم می‌آید که دنیا و مردم دنیا را سیاحت بکنم. می‌خواهم همین‌طور عمرم بگذرد. خیلی چیزها آدم دستگیرش می‌شود. وانگهی دیگر پیر شدیم. برای مرده‌ها مردارسنگ می‌ساییم. یک پایمان این دنیا است؛ یکیش آن دنیا. افسوس که تجربه‌هایمان دیگر به درد این دنیا نمی‌خورد. شاعر چه خوب گفته:

مــــرد خــــردمــــنــــد هــــنرپیــــشــــه را

---

۱ - حیران.

عمر دو بایست در این روزگار
تا به یکی تجربه آموختن
با دگری تجربه بردن به کار»

میرزا یدالله به اینجا که رسید؛ خسته شد. مثل اینکه آرواره‌هایش از کار افتاد؛ چون زیادتر از معمول فکر کرده بود و حرف زده بود. دست کرد چپقش را برداشت؛ به آب رودخانه خیره نگاه می‌کرد و به آواز دور و خفه‌ای که از پشت کوه می‌آمد؛ گوش می‌داد.

شهباز سرش را از مابین دو دست برداشت؛ آهی کشید و گفت: «هیچ دویی نیست که سه نشود!»

میرزا یدالله منگ و مات بود؛ متوجه او نشد.

شهباز بلندتر گفت: «یک مرد دیگر را هم بی‌خانمان می‌کند.»

یدالله به خودش آمد؛ پرسید: «کی؟»

«همان ربابهٔ آتش به جان گرفته.»

میرزا یدالله چشم‌هایش از حدقه بیرون آمده بود. هراسان پرسید: «مقصودت چیست؟»

مشهدی شهباز خندهٔ ساختگی کرد: «راستی روزگار خیلی آدم را عوض می‌کند. صورت چین می‌خورد؛ موها سفید می‌شود؛ دندان‌ها می‌افتد؛ صدا عوض می‌شود؛ نه شما مرا شناختید و نه من شما را.»

میرزا یدالله پرسید: «چطور؟»

«ربابه صورتش مهر آبله نداشت؟ چشم‌هایش را متصّل به هم نمی‌زد؟»

میرزا یدالله پرخاش کرد: «کی به تو گفت؟»

مشهدی شهباز خندید: «شما آقا شیخ یدالله، پسر مرحوم آقا شیخ رسول نیستید که در کوچهٔ حمّام مرمر منزل داشتید؟ هر روز صبح از جلو دکانم رد می‌شدید؟ من هم محلِّل هستم؛ همانم.»

میرزا یدالله سرش را نزدیک برد و گفت: «تو همانی که دوازده سال مرا به این روز انداختی؟ همان شهباز بقّال تو هستی؟ یک وقت بود توی همین کوه‌وکمر، اگر به دست من افتاده بودی؛ حسابمان پاک شده بود. افسوس که روزگار دست هر دومان را از پشت بسته.»

بعد دیوانه‌وار با خودش می‌گفت: «بارک‌الله ربابه، تو انتقام مرا کشیدی. او هم ویلان است به روز من افتاده.» دوباره خاموش شد و لبخند دردناکی روی لب‌هایش نقش بست.

کسی که روی نیمکت روبه‌روی آنها خوابیده بود؛ غلت زد. بلند شد نشست. خمیازه کشید. چشم‌هایش را مالاند.

مشهدی شهباز و میرزا یدالله دزدکی بهم نگاه می‌کردند؛ ولی می‌ترسیدند که نگاهشان با هم تلاقی بکند؛ دو دشمن بیچاره، از هنگام کشمکش عشق و عاشقی‌شان گذشته بود. حالا بایستی به فکر مرگ بوده باشند.

شهباز بعد از کمی سکوت، رو کرد به قهوه‌چی و گفت: «داش اکبر، دو تا قندپهلو بیار.»

گجسته دژ

قصر ماکان بزرگ و محکم، دارای سه حصار هفت بارو بود که از آهک و ساروج ساخته بودند و در کمرکش کوه، نزدیک آسی ویشه جلو آسمان لاجوردی سر برافراشته بود.

دویست سال پیش اینجا آباد و پر از ساختمان و خانه بود. در آن زمان هر روز طرف عصر ماکان کاکویه با پیشانی بلند و سینهٔ فراخ در ایوان این قصر و یا در باروی چپ آن کشیک می‌کشید تا دختری که در رودخانه خودش را می‌شست ببیند و بالأخره همان دخترک سبب جوان‌مرگی ماکان گردید. ولی از آن پس همهٔ نیروهای ویران‌کنندهٔ طبیعت و آدم‌ها برای خراب کردن آن دست به یکدیگر داده بودند؛ سبزه‌های دیمی که از پای دیوارهای نمناک و جرزهای شکسته روییده بود؛ از اطراف خرده‌خرده آن را می‌خورد و فشار می‌داد؛ طاق‌ها شکست برداشته بود و ستون‌ها فروریخته بود. خاموشی سنگینی روی این ملک و کشتزارهای دور آن فرمانروایی داشت؛ چون پس از تسلّط پسران سام، همهٔ زمین‌ها خراب و بایر مانده بود.

جلو قصر یک رودخانهٔ کوچک مانند نوار سیمین زمزمه‌کنان از میان چمن زمرّدگون ماروار می‌گذشت و آهسته ناپدید می‌گردید.

این کوشک ویران را مردم ده «گجسته‌دژ» می‌نامیدند و آن را بدشگون می‌دانستند؛ اما کسی نمی‌دانست به وسیلهٔ چه افسونی به جای آن همه شکوه پیشین، یک مرد لاغر پیر، دارای چشم‌های درخشان، در باروی چپ این قصر منزل گزیده بود. این مرد را «خشتون» می‌نامیدند و از برج خارج نمی‌شد؛ مگر غروب آفتاب. وقتی که دهکدهٔ پایین قصر غرق در تاریکی می‌شد؛ آن وقت خشتون خودش را در لبّادهٔ سیاهی می‌پیچید؛ از باروی چپ قصر بیرون می‌آمد و روی تپّه‌ای که مشرف به قصر بود؛ آهسته گردش می‌کرد و یا چوب خشک جمع می‌نمود.

آیا او دیوانه یا عاقل، توانگر و یا تنگدست بود؟ این را کسی نمی‌دانست؛ تنها اهالی ده از نگاهش پرهیز می‌کردند و چیزی که بر هراس مردم ده افزوده بود؛ وجود یک دختربچّه بود که هر روز عصر می‌آمد و جلو قصر در رودخانه آب‌تنی می‌کرد.

***

یک روز تنگ عصر که هوا ملایم و طبیعت آرام بود و یک دسته کبوتر روی آسمان چرخ می‌زدند؛ روشنک به عادت معمول، در رودخانه جلو قصر خودش را می‌شست. ناگاه دید آدمی شبیه رهبانان که ریش بلند خاکستری و بینی برگشته داشت و خودش را در لبّادهٔ سیاهی پیچیده بود؛ به او نزدیک

شد. دختر هراسان پیراهن خود را برداشت و روی سینه‌اش را پوشانید. آن مرد آهسته جلو آمد و با لبخند گفت: «دختر جان! اینجا چه می‌کنی؟»

روشنک که مشغول پوشیدن لباسش بود؛ گفت: «خودم را می‌شویم.»

«دخترجان! بیهوده مترس! من به جای پدرت هستم.»

«پدر من خیلی‌وقت است که رفته. من خیلی کوچک بودم که رفت. درست یادم نیست؛ ولی ریش سیاه داشت؛ مرا می‌بوسید و روی زانویش می‌نشاند.»

«افسوس، من هم دخترکی داشتم!»

«شما همان جادوگر گجسته‌دژ هستید؟»

«این اسمی است که مردم رویم گذاشته‌اند.»

«مردم پشت سر من و مادرم هم بدگویی می‌کنند؛ چون می بینند که تنها آب‌تنی می‌کنم. می‌گویند که دختر نباید...»

«این مردم ده را می‌گویی؟ بیچاره‌ها... از جانوران هم کمترند؛ آنچه که آنها را اداره می‌کند؛ اول شکم و بعد شهوت است؛ با یک مشت غضب و یک مشت بایدونباید که کورکورانه به گوش آنها خوانده‌اند.»

ولی من نمی‌توانم از آب چشم بپوشم؛ من برای آب می‌میرم. وقتی که شنا می‌کنم؛ مثل این است که همهٔ پرندگان، همهٔ طبیعت با من گفتگو می‌کنند. دلم می‌خواست همهٔ روزهایم را جلو دریا باشم. زمزمهٔ آب با من حرف می‌زند؛ مرا می‌خواند و به سوی خودش می‌کشاند. شاید من بایستی ماهی شده باشم.»

«آدمیزاد، جهان کِهین است. ما مختصر همهٔ جانورانیم. همهٔ احساسات آنها در ما هست و بعضی از آنها در ما غلبه دارد. باید آن را کشت.»

«برای اینکه ماهی را بکشم؛ باید خودم را بکشم. چون از دریا و از آب که دور می‌شوم؛ مثل این است که یک تکّه از هستی من آنجا در خیز آب دریا موج می‌زند و اندوه بی‌پایان مرا می‌گیرد.»

«ولی تو آن‌قدر جوان و بچّه هستی! گوشه‌نشینی برای پیران است؛ وقتی که از کار و جنبش می‌افتند.»

«دلم می‌خواست یک ماهی می‌شدم و شنا می‌کردم؛ همیشه شنا می‌کردم.»

«پدربزرگ من هم همین وسواس را داشت و آخرش غرق شد.»

«چه مرگ قشنگی! آدم بمیرد؛ آن هم در آب...»

«نه، او کاملا نمرده... چون آنچه که بقای روح می‌گویند؛ حقیقت دارد. به این معنی که روح و یا خاصیت‌هایی از آن در بچّهٔ اشخاص حلول می‌کند و پدربزرگ من بچّه داشت؛ پس به‌کلّی نمرده است. ولی روح شخصی هرکسی با تنش می‌میرد؛ چون محتاج به خوراک است و بعد از تن نمی‌تواند؛ زنده بماند. این دریچه‌ایست که عادات و اخلاق و وسواس ناخوشی‌های پدر و مادر را به بچّه انتقال می‌دهد.»

«پس پدر شما هم طلا درست می‌کرد؟»

«نه، او جستجو می‌کرد؛ همهٔ مردم معمولی آن را جستجو می‌کنند؛ ولی به چه درد می‌خورد؟»

«پس شما طلا را درست کرده‌اید؟»

«بر فرض هم که طلا را پیدا کردم. به چه دردم خواهد خورد؟ هفت سال است که شب‌ها روی زمین نمناک، بی‌خوابی می‌کشم؛ توی کتاب‌ها اسرار پیشینیان را جستجو می‌کنم؛ رمزها را می‌خوانم و در چنگال آهنین افسوس‌ها خرد شده‌ام؛ عمرم آفتاب لب بام است و شب‌هایم سفید است؛ آنچه که اکسیر اعظم می‌گویند در تو است؛ در لبخند افسونگر توست؛ نه در دست جادوگر.»

«تاکنون کسی با من این‌جور حرف نزده. همهٔ مردم به من خُل و دیوانه می‌گویند.»

«چون زبان تو را نمی‌فهمند؛ چون تو نزدیک‌تر به طبیعت هستی و با زبان گنگ آن آشنایی.»

«راست است که من بچّه‌ام؛ ولی زندگیم آن‌قدر غمناک است. به نظرم گاهی حرف‌های شما را درست نمی‌فهمم؛ آنها لغزنده هستند؛ ولی می‌خواستم خیلی پیش شما بمانم و به حرف‌هایتان گوش بدهم. اما مادرم تنهاست و همهٔ مردم ده از او بدشان می‌آید. من هم تنها هستم؛ آن‌قدر تنها هستم.»

«ما همه‌مان تنهاییم؛ نباید گول خورد. زندگی یک زندان است؛ زندان‌های گوناگون؛ ولی بعضی‌ها به دیوار زندان صورت می‌کشند و با آن خودشان را سرگرم می‌کنند. بعضی‌ها می‌خواهند فرار بکنند؛ دستشان را بیهوده زخم می‌کنند و بعضی‌ها هم ماتم می‌گیرند. ولی اصل کار این است که باید خودمان را گول بزنیم؛ همیشه باید خودمان را گول بزنیم. ولی وقتی می‌آید که آدم از گول زدن خودش هم خسته می‌شود... به نظرم امروز زبان در اختیارم

نیست؛ چون سال‌هاست که به‌جز با خودم با کس دیگر حرف نزده‌ام و حالا حرارت تازه‌ای در خودم حس می‌کنم.»

روشنک با تعجب گفت: «آه، مادرجانم آمد!»

در این وقت، زن بلندبالایی که چادر سفید به سر داشت؛ آهسته نزدیک شد. نگاهش را به خشتون دوخته بود. همین که جلو آمد؛ چند دقیقه در چشم‌های یکدیگر نگاه کردند؛ ولی زن روی سبزه‌ها به حالت غش افتاد. دختر که آمُخته به این بحران بود؛ هراسان دوید. سر مادر را روی زانویش گذاشت و نوازش می‌کرد.

خشتون نزدیک رفت و با انگشتش پیشانی او را لمس کرد. زن به حال آمد؛ بلند شد و نشست.

خشتون دور می‌شد؛ در صورتی‌که نگاه پر از تحسین دختر دنبال او بود.

***

راجع به این زن و مرد، حکایت‌های شگفت‌آوری سر زبان مردم ده بود. می‌گفتند که این مرد اسمش خشتون نیست و ملّا شمعون یهودی است. هفت سال پیش با یک نفر درویش وارد دیلبر شدند و بعد در خرابهٔ گجسته‌دژ جای گزیدند. رفیق ملّا شمعون پس از چندی نابود شد و کسی نمی‌دانست چه به سرش آمده. حالت و وضع خشتون این مسئله را تأیید می‌کرد. بعضی می‌گفتند که او ریاضت‌کش است؛ روزی یک بادام می‌خورد و با ارواح و جن‌ها آمیزش دارد. برخی معتقد بودند که از کوه دماوند کبریت

احمر آورده و مشغول ساختن کیمیاست؛ رفیقش را کشته و از روی کتاب جَفر و طلسمات او کار می‌کند.

دسته‌ای می‌گفتند که در آن بارو گنج پیدا کرده و دو تا دختر که در ده گم شده بودند؛ کار او می‌دانستند و معتقد بودند که هرکس در چشم‌های او نگاه بکند؛ افسون خواهد شد. عدهٔ دیگر می‌گفتند که تمام روز را نماز می‌خواند و طاعت می‌کند. یک نفر قسم می‌خورد که به چشم خودش دیده که ملّا شمعون کلّهٔ مرده از قبرستان دزدیده است و هر وقت نزدیک غروب، سر و کلّهٔ خشتون از پشت تپّه نمایان می‌شد؛ مردم ده بسم‌الله می‌گفتند. ولی چیزی که نمی‌شد انکار کرد؛ این بود که چه زمستان و چه تابستان از دودکش باروی چپ قصر، پیوسته دود آبی‌رنگی بیرون می‌آمد.

چهار ماه بود که روشنک و مادرش خورشید، در این ده آمده بودند و در خانهٔ خودشان نزدیک گجسته‌دژ منزل کرده بودند. این خانه سال‌ها بود که خالی و مردود مانده بود. چون یازده سال پیش پدر خورشید به واسطهٔ شهرت بدی مجبور شد که خانه‌اش را ترک بکند؛ زیرا می‌گفتند که این خانه را جن‌ها سنگساران کرده‌اند. در صورتی که همسایهٔ آنها این کار را کرده بود تا خانه را به قیمت ارزان بخرد و بالأخره معامله‌شان نشد؛ ولی این خانه بد نام ماند و شاید مردم ده به مناسبت مجاورت با این خانه، به قصر ماکان، گجسته‌دژ لقب داده بودند.

هشت سال بود که شوهر خورشید، به طرز مرموزی گم شده بود؛ چون به او تهمت زده بودند که جهود است. بعد هم از او کاغذی به این مضمون

رسید که تو را ترک کردم؛ ولی امیدوارم روزی که برمی‌گردم؛ خودم را به همه بشناسانم. خورشید بعد از آنکه چهار سال در خانهٔ پدرش بود؛ ناخوش سخت شد. ساعت‌های دراز در غش بود و بعد از این ناخوشی، هر شب در خواب بلند می‌شد و راه می‌افتاد و بعد برمی‌گشت و دوباره می‌خوابید. امسال که پدرش مُرد؛ این خانهٔ پرت را در این ده سهم ارث او دادند. او هم با ماهیانهٔ کمی که داشت؛ آمده بود در اینجا زندگی می‌کرد. ولی از یک طرف، شهرت بد این خانه و از طرف دیگر، حالت مرموز خورشید که شب‌ها در خواب گردش می‌کرد؛ همهٔ اهل ده را بدگمان کرده بود؛ به‌طوری که این مادر و دختر را هم‌دست خشتون می‌دانستند.

***

پس از ملاقات خشتون با مادر روشنک، در همان شب، وقتی که همهٔ جنبندگان خاموش شدند و دهکدهٔ پایین قصر در خواب غوطه‌ور شد؛ خورشید به عادت هر شب از توی رختخواب بلند شد. با چشم‌های بسته، آهسته سر بالین دخترش رفت. به دقت نفس کشیدن مرتّب او را گوش داد. سپس چادر سفیدی به سرش پیچید و با گام‌های شمرده از خانه‌اش بیرون آمد؛ ولی خط سیر او امشب عوض شد. پس از کمی تردید، راه تاریک و خطرناکی که به گجسته‌دژ می‌رفت؛ در پیش گرفت.

جلو باروی چپ قصر کمی تأمّل کرد؛ ولی بعد در چوبی را پس زد و داخل دالان تاریکی شده آن را پیمود. در دیگری را طرف دست راست باز کرد و از پنج پلهٔ نمناک پایین رفت و در سردابه‌ای وارد شد که هوای آنجا سنگین

و نمناک بود. پیسوز کوچکی میان آن می‌سوخت. خورشید کنار اطاق ایستاده، دست‌هایش را روی هم گذاشت و سرش را پایین انداخت؛ ولی صورت استخوانی و پای چشم‌های کبود او، جلو روشنایی کوره ترسناک می‌نمود.

خشتون کوچک و لاغر، با ریش بلند و لب‌های نازک و پیشانی چین‌خورده، جلو کوره نشسته بود. با وجود حرارت آن، لبّادهٔ چرکی به خودش پیچیده بود و چشم‌هایش به بوته‌ای که روی آتش بود؛ خیره شده بود. دست راست را با انگشتان بلند روی زانویش گذاشته بود. با وضع اسرارآمیز این مرد، اطاق غارمانند او، شمشیرزنگ‌زده‌ای که به دیوار آویزان بود؛ شیشه و قرع و انبیق، بوی دوایی که در هوا پراکنده بود؛ همهٔ این‌ها با فقر او جور می‌آمد؛ به‌طوری که انسان از روی ناامیدی از خودش می‌پرسید: «آیا چه فکری در پشت پیشانی این مرد که گردن لاغر و کلّهٔ بزرگ و استخوان‌بندی برجسته دارد؛ پرواز می‌کند؟»

چند دقیقه در خاموشی گذشت؛ بدون اینکه خشتون رویش را برگرداند و به میهمان تازه‌وارد نگاه بکند. سپس بلند شد؛ آهسته جلو زن رفت و با لحن آمرانه گفت:

«هان! می‌دانستم... امشب دست خالی آمدی. او را نیاوردی! اما فردا شب از چنگ من جان به در نمی‌بری. فردا شب همین‌طور که دخترت خوابیده، بغلش می‌زنی. مبادا بیدار بشود! به دقّت او را در پتو می‌پیچی؛ می‌آوری اینجا... گفتم که نباید بیدار بشود. خوب می‌شنوی؟... اگر در راه تکان

خورد؛ می‌ایستی تا دوباره بخوابد؛ آن‌وقت او را می‌آوری توی همین اطاق، می‌دهی به دست من... خوب می‌شنوی؟ هان؟»

سر خورشید پایین‌تر افتاده بود. به دشواری نفس می‌کشید و چکّه‌های عرق از روی شقیقه‌هایش سرازیر شده بود. خشتون، کمی تأمّل کرد و دوباره گفت: «آیا خوب می‌شنوی چه می‌گویم؟ فردا شب او را می‌آوری؛ حالا فهمیدی؟»

زن با صدای خراشیده گفت: «آری...»

«برو. از همان راهی که آمدی برمی‌گردی؛ اما فردا شب یادت نمی‌رود؛ دخترت را می‌آوری... او را می‌آوری اینجا، به دست من می‌سپاری.»

خورشید کمی تأمّل کرد. بعد با گام‌های شمرده از در بیرون رفت.

در این ساعت چشم‌های خشتون با پرتو ناخوشی می‌درخشید. روی لب‌های نازکش لبخند تمسخرآمیزی نقش بست. نزدیك کوره رفت و مایع سبز مایل به زنگاری را که در بوته بود؛ نگاه کرد. برگشت به میان سردابه، دست‌های استخوانی‌اش را تکان می‌داد و دیوانه‌وار می‌گفت:

«فردا شب سه قطره خون به اکسیر من، به نطفهٔ طلا روح می‌دهد. سه قطره خون دختر باکره. فردا شب...! استادانم همه خون جگر خوردند و به مقصود نرسیدند. آخریِ آنها به دست خودم کشته شد و همهٔ اسرار جادوگران مصر و کَلدِه و آشور برای من ماند...

«من نتیجهٔ دسترنج آنها را خواهم برد... هفت سال است که مانند مردگان به‌سرمی‌برم؛ از همهٔ خوشی‌ها چشم پوشیدم؛ زن و بچّه‌ام را ترک کردم؛ زیر

زمین مدفون شدم... امّا فردا... نه، پس‌فردا از زیر زمین بیرون می‌آیم و همهٔ خوشی‌های روی زمین از آن من خواهد بود... همهٔ این مردمی که از من بیزارند؛ به خاک پایم می‌افتند. آرزو می‌کنند که به آنها فحش بدهم؛ دامن قبایم را می‌بوسند... پول.... پول... پول.... (قهقههٔ خنده)... طلا پیشم از خاکستر هم پست‌تر می‌شود. همه مرا عقل کل می‌پندارند؛ اسمم سر زبان‌هاست... «پول، کیف، زن، زمین و آسمان و خداها همه زیر نگینم خواهند آمد. فردا شب همهٔ این‌ها با سه چکّه خون... سه قطره از آخرین خون تن آن دختر... آری، چرا به دست من کشته نشود؟ چرا قربانی اکسیر اعظم نشود؟ البتّه بهتر است از اینکه قربانی شهوترانی این مردم معمولی بشود که به موشکافی روح او پی نمی‌برند... ولی جسم او که روح ندارد؛ در اختیار من می‌ماند؛ مال من است... (قهقههٔ خنده) طلا... چه فلز نجیبی است؛ چه رنگ دلکش و چه صدای مطبوعی دارد! چه طلسمی است که دنیا و آخرت و همهٔ افسانه‌های بشر دست به سینه دور آن می‌گردند!... طلا... طلا...!»

صدای او در سیاه‌چال پیچید؛ ناگهان جلو کوره ایستاده خفه شد و چشمش را به مایع سبز مایل به زنگاری دوخت و دوباره همان حالت بدبخت فلک زده را به خودش گرفت و کنار کوره خزید.

* * *

روز بعد همهٔ وقت خشتون، صرف درست کردن یک تخت چوبی دراز شد که جلو کورهٔ آتش پایه‌های آن را به زمین کوبید و پارچهٔ سفیدی روی آن کشید. به اوّلین نگاه، تغییرات زیاد در وضع غار دیده می‌شد؛ قرع و انبیق

با شیشه‌های گوناگون دور او بود. جلو پیسوز، ورق کتاب خطّی باز بود که رویش خطوط هندسی کشیده شده بود و علامت‌هایی به خط قرمز رویش بود. شمشیر زنگ‌زده‌ای کُنج اطاق در دسترس خودش گذاشته بود و روی مایع سبز مایل به زنگاریِ ته بوته، بخار سفیدی موج می‌زد که طرف توجّه خشتون بود و هر دقیقه با بی‌تابی برمی‌گشت و به در نگاه می‌کرد.

به همان ساعت شب، پیش در باز شده و خورشید که چیز سفید پیچیده‌ای را در بغل گرفته بود؛ وارد شد. خشتون همین که او را دید؛ بلند شد. جلو رفت و با لحن آمرانه گفت:

«می‌دانستم که او را می‌آوری. بده به من، حالا آزادی، اما مبادا به کسی بروز بدهی؟ تا دو روز دیگر تو نمی‌توانی حرف بزنی؛ حالا بده به من.» آن سفید پیچیده را از دست زن گرفت؛ برد روی تخت چوبی جلو کوره گذاشت؛ سر خورشید روی سینه‌اش خم شده بود؛ عرق می‌ریخت؛ بعد با گام‌های شمرده از در بیرون رفت.

ولی مثل اینکه دقیقه‌های خشتون قیمتی بود. با شتاب سفید را پس زد و صورت روشنک با موهای ژولیده و مژه‌های بلند از زیر آن بیرون آمد که چشم‌هایش بسته بود و آهسته نفس می‌کشید. خشتون سرش را نزدیک او برد؛ نفس مرتّب او را گوش داد. بچّه عرق می‌ریخت. بعد خشتون شمشیر را از گوشهٔ اطاق برداشت؛ چیزی زیر لب خواند و با نوک شمشیر روی زمین، دور تخت را خط کشید و خودش بالای سر دختر در خیط ایستاد. از روی ورق کتابی، جلو روشنایی پیسوز شروع کرد به خواندن عزایم. بعد از آنکه

تمام شد؛ دست‌ها و پاهای روشنک را محکم به نیمکت بست؛ شمشیر را برداشت و به یک ضربت سر آن را در گلوی روشنک فروبرد. خون از گلویش فوران کرد و به سر و روی خشتون پاشیده شد. او با آستین لبّاده‌اش صورت خود را پاک کرد و دوباره به زبان مرموزی شروع کرد به دعا خواندن. جلو روشنایی کوره، با صورت خون‌آلود، چشم‌هایی که بی‌اندازه باز شده بود و ریش زیر چانه‌اش که تکان می‌خورد؛ به شکل مرموزی درآمده بود. در این بین روشنک تکان سختی خورد و سرش از تخت آویزان شد. خشتون از کنار تخت، شیشهٔ دهن‌گشادی را برداشت که مانند قیف ته آن باریک می‌شد و زیر گلوی او نگهداشت. دختر دوباره تکان سخت‌تری خورد و گردنش کج شد. خشتون سر خون‌آلود او را گرفت؛ برگردانید. ولی در این‌وقت چکّه‌های خون به‌ندرت از گلویش می‌چکید و خشتون به‌دقّت هرچه تمام‌تر آنها را در شیشه‌های متعدّد می‌گرفت. شیشهٔ دیگری برداشت؛ گلوی دختر را فشار داد؛ بعد پیسوز را بلند کرد و نزدیک برد و سه قطره از آخرین چکّه‌های خون تن او در شیشه چکید؛ ولی جلو روشنایی لرزان پیسوز، لکّهٔ ماه‌گرفتهٔ روی پیشانی روشنک را دید و دخترش را شناخت.

همین که دختر خودش را شناخت؛ هراسان پیسوز را پرت کرد که به زمین افتاد و خاموش شد و شیشه‌ای را که در دست داشت؛ بلند کرد و فریاد کشید: «کیمیا... کیمیا... سه قطره خون... خون دخترم... خون روشنک.»

بعد شیشه را چنان فشار داد که در دستش شکست و خرده‌های آن را به طرف بوته پرتاب کرد. بوته از روی سه‌پایه برگشت؛ مایع زنگاری آن روی زمین پخش شد و آتش شعله زد.

* * *

تا صبح، مردم ده هلهله‌کنان، تماشای دود و آتش را می‌کردند که از گجسته‌دژ زبانه می‌کشید.